气候变化与人类发展译丛
学术指导委员会委员

王伟光　中国社会科学院常务副院长
郑国光　中国气象局局长
秦大河　全国政协人口资源环境委员会副主任、中国气象局原局长
俞可平　中央编译局副局长
苏　伟　国家发展和改革委员会应对气候变化司司长
林而达　全国政协常委、中国农业科学院研究员
潘家华　中国社会科学院城市发展与环境研究中心主任
谢寿光　中国社会学会秘书长
周大地　国家发展和改革委员会能源研究所原所长、研究员
何建坤　清华大学原常务副校长、教授
常念廖　联合国发展计划署气候变化专员
罗　勇　中国气象局国家气候中心副主任、研究员

执行主编：曹荣湘

气候变化与人类发展译丛
新闻出版总署"十一五"重点图书规划项目

气候变化与人类发展译丛
Climate Change and Human Development

新闻出版总署"十一五"重点图书规划项目

煤炭、气候与下一轮危机

〔美〕理查德·海因伯格/著
(Richard Heinberg)

王 玲/译

Blackout: Coal, Climate
and the Last Energy Crisis

社会科学文献出版社
SOCIAL SCIENCES ACADEMIC PRESS (CHINA)

Blackout: Coal, Climate and the Last Energy Crisis by Richard Heinberg
Copyright © 2009 by Richard Heinberg
This edition arranged with The Marsh Agency Ltd.
Through BIG APPLE AGENCY, INC., LABUAN, MALAYSIA.
Simplified Chinese edition copyright:
2012 SOCIAL SCIENCES ACADEMIC PRESS (CHINA), CASS
All rights reserved.

本书根据 NEW SOCIETY PUBLISHERS 2007 年版译。

丛书出版前言

当今时代，人类正面临着气候变化的严峻问题。科学研究显示，当前海平面上升速度惊人，如果一切照旧，预计到2100年海平面将上升1米甚至更高。这意味着届时将有1/10世界人口的生存环境面临严重威胁。科学家们指出，气候变暖还将导致洪水、干旱等自然灾害频发、极端天气屡屡出现的局面。粮食减产、物种灭绝、空气污染，都将随气候变化接踵而来。有评论指出，气候变化问题是人类有史以来面临的最大挑战，是21世纪的核心议题。

面对气候变化的严峻形势，国际社会负责任的政府和有识之士已展开多角度、多层面的行动。1992年6月在联合国环境与发展大会上，150多个国家共同制定了《联合国气候变化框架公约》；1997年12月缔约国第三次会议通过了《京都议定书》。这两份文件奠定了全球应对气候变化的国际合作的法律基础。2007年巴厘岛联合国气候变化会议通过的"巴厘路线图",则为国际社会探讨2012年后应对气候变化的国际制度安排指明了方向,确定了时间表。2009年9月份在纽约召开的"联合国气候变化峰会"再次将气候变化问题推向了国际舞台的中心。即将召开的哥本哈根会议将达成什么样的结果,已成为当前国际社会的一个焦点话题。

中国党和政府历来高度重视气候变化问题。胡锦涛总书记在2009年9月22日联合国气候变化峰会上指出:"应对气候变化,实现可持续发展,是摆在我们面前一项紧迫而又长期的任务,事关人类生存环境和各国发展前途,需要各国进行不懈努力。"温家宝总理2008年11月19日在应对气候变化技术开发与转让高级别研讨会上指出:"气候变化是国际社会普遍关心的重大全球性问题,事关人类的生存环境和各国的繁荣发展。"在政策层面,中国已经把建设生态文明确定为一项战略任务,坚持把资源节约和环境保护作为基本国策,制定了《应对气候变化国家方案》,成立了国家应对气候变化领导小组,为应对全球气候变化作出了积极努力。

当前,全球金融危机加剧蔓延,世界经济增长明显放缓,对各国经济发展和人民生活带来严峻考验。在这样的形势下,全球应对气候变化的努力面临着倒退的威胁。有的决策者辩称,现在我们要先集中处理眼前的经济危机,然后再去考虑气候变化问题。然而,气候变化问题更加急迫、影响更加深远,必须在处理经济危机的同时处理气候变化问题,这样才能在未来确保全球经济长期趋于稳定。在当前的时刻,我们应对气候变化的决心决不能动摇,行动决不能松懈。

应对气候变化,首先靠科学技术。科学技术和创新不仅在发现和揭示,而且在应对和解决气候变化问题方面具有不可替代的作用。然而，气候变化给自然生态系统和人类社会发展带来的影响是全方位的，应对气候变化也需要多层面、多角度的力量。有学者指出，气候变化绝不仅仅是一个自然科学问题，反而更是一个社会科学问题。不是科学造成了气候变化，而是科学在社会层面的误用造成了气候变化；解决气候变化问题不能单靠自然科学，社会科学的作用更加重要。

综观我国各方面对气候变化的关注可以发现，气候变化已成为国内决策层、学术界、媒体的热点话题。在这种大环境下，国内对气候变化的研究已开始呈现蓬勃发展的势头。从图书出版来看，目前已出版的、直接以气候变化为题的著作，达到数百部。但可惜的是，这些已出版的著作绝大多数是自然科学方面的，从人文社会科学的角度研究气候变化的著作只有寥寥数本，而且研究比较初步。如此重要、如此关乎人类生存的一个问题，国内从人文社会科学角度开展的研究居然如此之少，令人触目惊心！

但当我们将目光瞄向国外的时候，那边可谓"风景独好"。在西方，自然科学和人文科学有着并驾齐驱的长期传统。在气候变化问题上，西方同样遵循了这一传统。从已出版的气候变化著作看，人文社会科学的研究占了相当大的比重。例如，英国剑桥大学出版社推出的气候变化类图书达到近百部，其中，人文社会科学类达近30部。西方许多著名人文社会科学学者，包括政治学家、经济学家、社会学家、哲学家、历史学家，无一例外地开始关注这一问题。

因此，当前亟须做的事情，首先是引介国外有关著作，进一步激发国内决策层、学术界、媒体对这一问题的关注；通过译介这一形式，大力推动我国有关气候变化对政治、经济、社会、文化等方面的影响的研究，以便为我们制定更加切实可行的经济社会和科学技术发展的战略、规划和政策提供有力的支撑。

  本丛书——"气候变化与人类发展"——秉承的就是这一使命。出版这套丛书的设想早在党的十七大和巴厘岛联合国气候变化会议召开之前，就已由社会科学文献出版社社长谢寿光先生提出，委托中央编译局曹荣湘研究员全面策划，并由他担任执行主编。一贯以追踪学术前沿和社会热点为己任的社会科学文献出版社，以超前的战略眼光和深切的人文关怀，引进、译介国外的相关著作，并在此基础上出版我国相关的研究成果，必将引起我国广大有识之士的高度重视，大力推进我国学术界对气候变化问题的研究，为我国决策层提供参考，为人类共同的事业奉献一份精彩的礼物。

  本丛书已入选新闻出版总署"十一五"国家重点图书规划项目，并得到了中国社会科学院、科技部等有关方面的关心和大力支持，在此致以诚挚的谢意！

目 录
CONTENTS

致 谢 / 001

前 言 / 001
为什么要关注煤炭资源？/ 003

第 1 章 | 001
我们拥有多少煤炭资源？

煤炭的种类 / 007
如何估算煤炭资源的储量？/ 010
煤炭储量和未来供应的近期研究 / 013
结论 / 025

第 2 章 | 028
美国的煤炭资源

储量估算历史 / 033
近期相关研究 / 037
启示 / 047

第 3 章 | 050
中国的煤炭资源

综述 / 050
资源特性与储量估算历史 / 055
近期相关研究 / 057
启示 / 066

第 4 章
069 俄罗斯和印度的煤炭资源

069 / 俄罗斯
079 / 印度

第 5 章
087 澳大利亚、南非、欧洲、南美洲、印度尼西亚和加拿大的煤炭资源

087 / 澳大利亚
093 / 南非
099 / 欧洲
108 / 南美洲
110 / 印度尼西亚
113 / 加拿大

第 6 章
117 煤炭和气候

118 / 两次危机
121 / 气候模型与化石燃料供应
126 / 气候敏感性
130 / 气候变化能解决煤炭峰值问题吗？
134 / 一种组合方法

第 7 章
137 新的燃煤技术

138 / 集成气化联合循环技术

煤制油技术 / 142
煤炭地下气化技术 / 146
碳捕获与封存技术 / 148
结论 / 155

第 8 章 三种情景 | 157

情景Ⅰ　燃烧率最大化 / 164
情景Ⅱ　"清洁"解决方案 / 168
情景Ⅲ　后碳转型 / 172
情景之间的比较 / 178
结语 / 181

参考书目 | 184

译后记 | 192

致 谢

本书撰写过程中得到朱利安·达利（Julian Darley）极大的帮助，他阅读了每个章节的草稿并提出了许多有益的建议；劳拉·罗德曼（Laura Rodman）在研究、核对事实和整理文献过程中起着关键性的作用；后碳研究所的同事丹尼尔·乐奇（Daniel Lerch）和亚瑟·米勒（Asher Miller）参与了第8章情景问题的讨论；大卫·拉特里奇（David Rutledge）在写作后期提供了关键性的建议并修正。感谢新社会的编辑们：英格丽·维特沃特（Ingrid Witvoet）、朱蒂丝（Judith）和克里斯·布朗特（Chris Plant）。文中存在的错误以及引用的数据都由我个人负责。

理查德·海因伯格（Richard Heinberg）

前 言

随着 2007 年和 2008 年石油价格的上涨，另一种可能更严重的能源危机迫近，这种能源往往被大多数的欧美人所忽视。

上百个国家正在遭受着电力短缺的痛苦，一些国家的情况甚至非常严重。多数情况下，停电是由于被视为世界蕴藏最丰富的燃料——煤炭的缺乏。

由于煤炭短缺，中国已经有 50% 的煤炭发电厂停产。不断升级的电力中断事件严重抑制了该国的经济发展。

由于全球气候变暖，印度喜马拉雅山脉系的水力发电日益枯竭。尽管印度在不断推动更多的风能和太阳能发电，但是国内迅速增长的煤炭需求加剧了气候变化和国际煤炭的短缺。

美国在巴基斯坦和阿富汗的反恐战争前线就经常因停电而陷入黑暗之中。

南非的采矿业受电力不足困扰，煤炭、黄金和钻石等矿业工业未能正常运营。在撒哈拉以南的非洲其他地区，近2/3的国家经历过常发性的、持续的停电①，许多国家正在寻找煤炭以补充水力发电的不足。

英国电力不足的现象更加频繁，分析家形容其21世纪发电的基础设施处于"崩溃"和"不足"状态。据业界估计，英国将需要花费1000亿英镑来建设新一代的电站，该项目的支出将会超过英国有史以来的任何一个同类项目②。英国的煤炭工业曾经是全世界规模最大的，也是本国电网最主要的供应商，但是由于该国的煤炭储量近乎枯竭，其优势已经慢慢殆尽。

一些国家因为没有足够的电力来运行它们的炼油厂而只能抬高油价。即使是能源丰富的国家，如委内瑞拉和伊朗，也因电力短缺而影响其石油的出口量。

在美国，能源专家预测几年后将会出现更频繁的停电，这是因为电网发电能力不足，并且老化的电网基础设备需要彻底检修。美国的煤炭资源看似很丰富——事实上，受到近期全球的高需求和价格飙升影响，美国开始出口更多的煤炭——但是美国煤矿产出的煤炭质量却在下降，由此看来，美国从地下开采的煤炭量虽然越来越多，但转化成的能量却越来越少。

全世界都依赖于煤炭资源，因为全球40%的电力产自煤炭（高于其他任何一种资源），并且煤炭供应似乎永无止境；但事实

---

① International Monetary Fund, *Regional Economic Outlook*: *Sub-Saharan Africa* (Washington, DC: International Monetary Fund, May 2005), imf.org/external/pubs/ft/AFR/REO/2005/eng/01/pdf/ssareo.pdf.

② David Robertson, Angela Jameson, and Sam Coates, "Breakdowns Spark National Grid Crisis in Power Supply," *Times Online* (September 5, 2008), business.timesonline.co.uk/tol/business/industry_sectors/utilities/article4678321.ece.

上，煤炭的平均价格在 2006 年中期到 2008 年中期翻了一番，在不久的将来，一些大量使用的国家会面临煤炭的可获得性问题。

煤炭供应问题部分源于运输成本的增加，石油供应紧张使煤炭供应可靠性下降。但是，世界上高品质煤炭储量的枯竭也加剧了供应滞后、电力价格飞涨以及停电。

这些问题在许多国家已经到了危险程度，但大多数西方能源消费国没有意识到问题的严重性。但是，如果目前的趋势继续下去，后果将不堪设想。除非全球立即采用不同的能源模式，否则煤炭和电力供应问题只会进一步扩散和恶化，年复一年，直至二三十年后，人类文明最终只有一个结局——一片漆黑。

为什么要关注煤炭资源？

经济因素

如果煤炭在世界能源结构中的重要性减小，煤炭资源耗竭及其可用性下降的问题就不会显得那么严重。但是事实恰恰相反，煤炭仍是许多国家，尤其是新兴的亚洲经济体，能源规划的重点。尽管存在环境问题，煤炭仍是所有在使用的化石燃料中，全球需求比例和需求速度增长最快的[1]。

这种复苏是完全出乎意料的。

煤炭是工业时代的首选燃料；从 19 世纪末期开始（取代木

---

[1] 原文提到是按交付的热量单位 BTU 得出的结论。BTU 是 British thermal unit 的缩写，是英国热量单位。——译者注

材）直到20世纪中期（被石油取代）都是世界的主要能源来源。最近，天然气在发电上一定程度地取代了煤炭，部分是因为对温室气体排放的关注度在升级（煤炭是含碳量最高的燃料，天然气则是含碳量最低的燃料）；同时，石油因其便于运输已成为全球最重要的燃料。

工业社会的历史发展规律是从低品质燃料〔木材的能量平均是12兆焦耳/千克（Mj/kg），煤炭是14~32.5兆焦耳/千克〕到高品质燃料（石油平均为41.9兆焦耳/千克，天然气平均为53.6兆焦耳/千克），从污染程度较高的燃料向污染程度较低的燃料，从固体燃料向易于运输的液体燃料发展。由此逐渐演变并形成能源的全球贸易体系。

20世纪，燃料的转换带来了决定性的经济甚至地缘政治优势。1912年，身为首相的温斯顿·丘吉尔（Winston Churchill）让英国海军更换装备，将燃烧煤炭改为燃烧汽油，这一举动闻名天下，也有助其在第一次世界大战中战胜德国[1]。整个20世纪下半叶，美国的经济不再是能源密集型的（根据国内生产总值每增加1美元所需的能量数计算得出的结论），主要原因就是将煤炭转换为石油和天然气。一个内燃机火车头，只需使用煤炭驱动蒸汽引擎所需能量的1/5，就可以拉动同一列火车。此外，与燃煤系统相比，燃油系统所需关注度减少，而且清洁度要高很多。由此可见，石油和天然气每单位能量所产生的经济价值是煤炭的1.3~2.45倍[2]。

一些国家懂得如何利用燃料的物理和功能差异，以便于从能

---

[1] Winston S. Churchill, *The World Crisis, 1911–1918*, vol. 1 (Free Press, 2005).
[2] John Gever, Robert Kaufmann, David Skole, and Charles Vorosmarty, *Beyond Oil: The Threat to Food and Fuel in the Coming Decades* (Cambridge, MA: Ballinger, 1987), 87.

源中得到更多的经济利益。煤炭几乎总是被归于陈旧的、低效率的、欠理想的一类能源。

简而言之，早在十年前就流传开一个说法：煤炭在能源领域的闪光时代即将结束。作为保留至今用于电力生产的一种重要燃料，煤炭在许多人心目中是19世纪和20世纪初——即蒸汽动力纺织机、巨大的远洋客轮和烟雾喷涌机车时代——的神器。20世纪80年代和90年代的未来主义者让我们相信，随着信息时代的来临，能源将很快实现"脱碳化"，因为各个国家都在转向使用清洁能源以及更浓缩的燃料。

然而，在过去的五年里，尽管需求在增加，原油的全球产量，尤其是亚洲经济体产量，依然保持不变。种种迹象表明，全球石油产量将于2010年左右开始必然地、不可避免地下降。这就是经常被讨论的石油峰值（Peak Oil）现象［在本书作者另一本书《石油消耗议定书》（*The Oil Depletion Protocol*[①]）中已有解释］。从1980年至2005年近1/4个世纪里，全球石油的消费量以每年平均1.5个百分点在增长。在这一时期的大部分时间里，油价通常保持在10~20美元范围的低价格。然而，2005年5月开始的随后三年里，常规原油的开采速度拖延，而价格却惊人地飞涨至147美元，直到2008年受全球经济危机的影响才有所回落。许多分析家认为，到2015年石油产量将以每年超过2个百分点的速率下降，而价格则会上涨为每桶几百美元。虽然常规石油有着较好的勘探前景，但它们大多是在偏远或政治敏感地区；同时，钻机和训练有素的人员短缺问题都将大大延误新项目上线的速度。另有数量巨大的

---

① Richard Heinberg, *The Oil Depletion Protocol: A Plan to Avert Oil Wars, Terrorism, and Economic Collapse* (Gabriola Island, BC: New Society, 2006).

非常规化石燃料虽然可转化成合成液体燃料［艾伯塔省（Alberta）的沥青沉积物、委内瑞拉（Venezuela）奥里诺科盆地（Orinoco Basin）的重油层，以及怀俄明州（Wyoming）和科罗拉多州（Colorado）的泥灰岩或"页岩油"］，然而这些物质可被提取和处理的概率受到物质和经济因素的限制，例如处理过程中对淡水和天然气的大量需求。

天然气的全球产量高峰出现时间可能会稍晚于石油；但是，区域内的常规天然气供应紧缩已经出现，主要是在北美（最密集的资源消费者）、俄罗斯和欧洲。由于只有一小部分液化天然气（liquefied natural gas, LNG）是在全球范围内进行贸易的，这意味着通过海运进口来避免地区短缺的方式是不可行的。

面对石油、天然气和非传统化石燃料的诸多限制，具有比较优势的煤炭再次获得青睐。这是因为煤炭工业拥有丰富的经验，生产和使用技术又得以进一步改进，此外，据称还有大量有待开采和燃烧的煤炭存在。新技术，例如集成气化联合循环发电（integrated gasification combined cycle, IGCC）电厂和碳捕获与封存方法的确可使煤炭变得更清洁（虽然不会更便宜）以供使用。还有越来越多的兴趣聚焦于研究如何将煤炭转变成一种合成液体燃料以替代石油（我们将在第7章中详细地介绍这些技术）。

既然经济增长通常意味着更多的能量消耗，也就不难理解为什么目前世界煤炭消费量增加的国家都是经济增长率最高的国家——主要有中国和印度，同时还有越南、韩国和日本。

世界经济重心正从美国转向人口众多的东南亚地区，人们普遍认为这些地区将成为新千年的经济重心。近年来，中国经济年均增长率达到7%～11.5%（7%的固定增长率意味着每十年就要翻一番，因此，20年之后，整个经济体将是原来的4倍，仅仅30

年时间，将是原来的 8 倍；如果年均增长率是 11.5%，意味着在短短 20 年的时间里将增长 8 倍）。根据大多数人的预期，中国的国内生产总值将在 2010 年超过 10 万亿美元，2020 年将超过 20 万亿美元，中国将成为世界上最大的经济体。印度 2006 年和 2007 年的经济增长率分别为 8.4% 和 9.2%。目前，印度是世界第四大经济体，但以目前的增长速度，十年内它可以前进到第三位（目前的排名是摘自《CIA 世界各国概况》[①]）。

中国目前近 70% 的能源来自于煤炭，是世界主要的煤炭消费国，消耗量是排名其后（美国）的近两倍。这个数量是惊人的：2007 年，中国增加的发电量几乎全部来自以煤炭为基础的能源，这个数量相当于法国或英国当年的全部电量。同年，中国发电总装机容量增长了 17%[②]，高达 7000 亿瓦特，位列第二，仅次于美国的 9000 亿瓦特。

印度目前是世界第三大煤炭消费国，国家近 2/3 的商业能源来自煤炭（世界平均水平是 26%）。

完全可以预见，这些大量、快速增长的煤炭消费将会带来同样巨大的环境成本。

环境因素

20 世纪，促使工业社会从煤炭向石油和天然气转换的重要因素中，能与经济因素相提并论的就是环境因素了。

煤炭是所有传统化石燃料里最脏的。当煤燃烧时，硫、汞和

[①] Central Intelligence Agency, *The World Factbook*, cia.gov/library/publications/the-world-factbook/docs/rankorderguide.html.
[②] 据国内统计数据为增长 14.4%，详见 www.china.com/nows/txt/2008-04122/content-14993530.htm.

放射性元素被排放到空气中，而且难以从源头进行捕获。在工业革命早期，无论是开采还是燃烧，煤炭都制造了大量的污染。一些城市，如伦敦、芝加哥、匹兹堡，总有一些日子被烟雾和烟尘笼罩，能见度仅为几英寸。大卫·斯特拉德林（David Stradling）和彼得·索赛姆（Peter Thorsheim）在《大城市的烟雾》（*The Smoke of Great Cities*）一书中描述了煤城城镇居民的生活：

> 1868年，一位在逆温期到达匹兹堡的游客把这座城市形容为"揭开了盖子的地狱"。整座城市被一层厚厚的烟雾所笼罩，除了炭炉里的火苗，别的什么都看不清。秋季和冬季期间，空气中的烟煤与自然雾相结合形成混合体，伦敦人称其为"烟雾"。烟雾不仅使城市的能见度降低，还使得城市的烟囱表面都沉积了一层薄薄的烟尘和硫酸。"几天的浓雾过后，"1894年一位观察者写道，"一些植物的叶子和花朵脱落，即使盛开着的也卷曲着，还有些变成了黑色。"除了对花草、树木和粮食作物有害，空气污染还会腐蚀和毁掉石头与铁制的古迹、建筑物和桥梁。然而，那一时代的人最关心的还是烟尘对人体健康的危害：呼吸系统疾病，尤其是肺结核、支气管炎、肺炎、哮喘，成为19世纪后期英国和美国的公共健康问题。[1]

早期的煤炭开采条件恶劣。地下挖煤是一项危险且破坏环境的活动，意外事故（因气体积累引发的窒息，以及爆炸、火灾和矿顶坍塌）时有发生，成为矿区生活的一部分。矿工和他们的家

---

[1] David Stradling and Peter Thorsheim, "The Smoke of Great Cities: British and American Efforts to Control Air Pollution, 1860 – 1914," *BNet*（January 1999）, findarticles. com/p/articles/mi_ qa3854/is_ 199901/ ai_ n8833707/pg_ 1.

属经常遭受呼吸疾病的折磨——如尘肺病或黑肺病之类的。矿业使山水风景变了样，常常造成水和空气污染，以及森林、溪流和农田的破坏。

从安全的角度来看，到如今煤炭开采活动已安全多了，至少在工业化程度较高的国家是如此。大规模的机械化开采意味着生产同等数量的煤炭只需更少的矿工；同时，采矿方法的改进［如长壁开采（longwall mining）］以及有害气体的监测（使用电子传感器）、瓦斯抽放和通风大大减少了岩崩、爆炸以及不健康的空气质量等风险。即使有了上述改进，2006年美国的煤矿事故中仍有46人死亡；根据劳工统计局（Bureau of Labor Statistics）的公告，采矿业仍然是美国位列第二的高危职业（伐木业是第一危险职业）。[1]

尽管技术在进步，煤炭开采仍然破坏着自然景观。一个臭名昭著的例子就是美国阿巴拉契亚地区（Appalachian region）使用的"山巅移除"：伐光原生阔叶林，用炸药炸掉高达1000英尺的山顶，然后将废物倾倒进附近山谷，掩埋一些河流。这一事件被称为"美国历史上最大的环境和人权灾难之一"[2]。采矿点附近的家庭和社区忍受着持续不断的爆破，饱受空气中尘埃和碎片的侵害。洪水造成数百人死亡和数千人无家可归，许多区域的饮用水也遭到污染。

在较早实现工业化的国家里，虽然煤炭开采和煤炭消费的环

---

[1] James B. Rice and Jill A. Janocha, "Coal Mining Injuries, Illnesses, and Fatalities in 2006," *Bureau of Labor Statistics*（June 27, 2008），bls.gov/opub/cwc/sh20080623ar01p1.htm.

[2] "山巅移除"给人类和环境造成的后果可查阅网页"阿巴拉契亚之声"，appvoices.org/index.php?/site/mtr-overview/.

境和安全风险已经有所缓解，但是在当今煤炭消耗最多的、增长最快的国家里，开采和消费的方法仍然与20世纪最糟糕的做法相同。

中国有500万煤矿工人，每年有许多人死于煤矿事故。同时，中国1/3的国土面积受到酸雨影响；1/3的城市空气受到严重污染。[①] 根据国际能源机构（International Energy Agency，IEA）的报道，中国五座城市进入全球污染最严重的十大城市名单[②]。

最近检验发现，来自中国、含有砷等有毒元素的微粒煤粉尘在世界各地上空漂浮着，而且数量越来越多。2006年4月初，来自中国北方的浓厚煤尘—沙云层在横跨太平洋前在首尔附近被观测到。美国西海岸的监测站发现空气中含有高浓度的硫化合物、碳以及煤炭燃烧产生的其他副产品——这些微粒子一旦吸入肺部，会造成呼吸系统损害、心脏病和癌症。

尽管所有这些都会产生长期的环境、健康和安全问题，但是相比之下，被视为我们这个时代最大危机的全球气候变暖问题更为严峻——全球气候变暖就是由于化石燃料燃烧排放了二氧化碳。煤炭生产的能源仅仅是世界能源的1/4，却造成了近40%的温室气体排放。煤炭开采的排放物主要是二氧化碳（CO_2），同时还会释放甲烷，这种气体的温室效应是二氧化碳的20倍，占因人类活动产生的温室气体的9%。

在过去的十年中，科学界已经达成共识：全球变暖是人类活

[①] Robert J. Saiget, "China's Coal Addiction Causing Environmental Disaster," *Terra Daily* (November 6, 2006), terradaily.com/reports/China_ Coal_ Addiction_ Causing_ Environmental_ Disaster_ 999. html. 169.

[②] OECD/International Energy Agency, *China's Power Sector Reforms: Where to Next?* (Paris: Organisation for Economic Co-operation and Development, 2006), 13, iea. org/textbase/nppdf/free/2006/chinapower. pdf.

动造成的,气候变化的实际迹象甚至会超越最可怕的预测。2007年夏季,相比于 2005 年的 532 万平方公里,北极冰面面积达到最小值 413 万平方公里。① 这表明北极冰面面积在短短两年内下降了22%,这一减少的冰面面积相当于得克萨斯州和加利福尼亚州的面积之和。此外,冰的平均厚度自 2001 年以来下降了一半左右。总之,考虑到地理范围和厚度,夏季北极冰面 40 年来的减少量超过了 80%。按照目前的融化速度,到 2013 年北极在夏季可能无冰。但是漂浮在海面上的冰盖的排水量将严重破坏格陵兰岛(Greenland)的冰包,一旦格陵兰岛冰包消失,将导致海平面上升数米,淹没世界各地的沿海城市以及数百万人的家园。

同时,随着沙化现象越来越严重和气候带的转变,许多物种难以迁移又不能快速适应,面临灭绝的困境,而气候变化引起的干旱或季风模式的改变也正在席卷世界各大洲。

这场危机正在加剧,碳汇(从大气中吸收二氧化碳的森林和海洋)的容量正在减小。北部森林对碳的净吸收量正在下降,使得秋季气候变暖。有证据表明海洋对大气中的碳的吸收能力也逐步下降,甚至可能扭转。②

同时,海洋正在酸化,其碳酸浓度——由水与二氧化碳反应生成——增加的速度是数百年前的百倍。海洋是自然碱性,但是,自工业革命以来,海水表面变得越来越酸性化。要想通过自然过程使海洋回到工业化以前的状态,估计得经过几千年时间。预计受

---

① National Snow and Ice Data Center, "Sea Ice Conditions at the Annual Minimum on September 16, 2007," nsidc. org/news/press/2007_seaiceminimum/20070810_index. html.

② "Is the Ocean Carbon Sink Sinking?" Real Climate, article posted November 1, 2007, realclimate. org/index. php/archives/2007/11/is-the-ocean-carbonsink-sinking/.

灾最严重的海洋生物是那些碳酸钙壳原料的生物体，如珊瑚、甲壳类、软体动物和某些浮游生物物种。较大的海洋动物，如企鹅和鲸目动物虽然不会直接受影响，但食物链的变化最终也将影响到这些较大型的动物（见第6章中的"气候敏感性"）。

从人类生存的角度来看，气候变化对农业的潜在影响尤其令人担忧。据联合国世界粮食计划署（UN's World Food Program, WFP）报道，57个国家——非洲29个、亚洲19个和拉丁美洲9个——在过去几年里已经饱受特大洪涝灾害的肆虐。南亚、欧洲、中国、苏丹、莫桑比克和乌拉圭的收成一直受到干旱和热浪的影响。2007年，澳大利亚政府表示干旱已减少了下一个冬季近40%即400万吨的收成。①

总之，人类活动引起的气候变化在一定规模上构成了对环境的影响，这在过去一万年的人类文明史中从未发生过。

相对于石油或天然气，每BTU单位煤炭产生的碳排放量更高些。随着化石燃料的消耗，这类资源变得更加稀缺，致使价格更加昂贵；同时，随着高质煤炭的不断消耗，许多国家转向使用低品质的煤炭，这只会进一步恶化气候问题——除非其他能源得以迅速发展，或者能源使用的总量能够下降。

理论上来说，发电厂进行碳捕获并将其封存在地质深部的方法可以减少煤炭消耗给环境造成的负担，但该解决方案会有一定的阻力和负面效果，我们将在第7章进行讨论。

目前，人们正在极力推动一项全球协议来减少温室气体的排放，使用总量控制和交易机制来分配碳排放的权利。这项协议有

---

① John Vidal, "Global Food Crisis Looms as Climate Change and Fuel Shortages Bite," *The Guardian* (November 3, 2007), guardian.co.uk/environment/2007/nov/03/food.climatechange.

可能是世界历史上最重要的全球性政策的讨论，它将对其他事务产生巨大影响，包括全球经济不平等问题——因为国家层面的人均能源消费水平与人均国内生产总值密切相关。

这样的政策也将对全球煤炭行业的发展，以及依赖于煤炭的整个国民经济的发展产生巨大的影响。

但是，如果煤炭资源储量小于以往的评估值，这将对气候科学、经济规划以及政府的政策产生巨大的影响。

◇◇◇

总之，新世纪两个标志性的趋势——亚洲经济发展和气候变化——均是以煤炭为中心。但是，煤炭是一种有限的、不可再生的资源。因此，对煤炭未来的讨论也与新世纪第三个标志性趋势资源枯竭相关。

这三大趋势必定是互动和融合的。这一切将如何发生？当前的煤炭消耗趋势能够持续下去吗？如果不能，这对全球经济和环境意味着什么？如果这种趋势不能持久，我们的能源未来会怎样？

当然，这些都是影响极大并且极其复杂的问题。在本书中，我们将一一解答。

第1章中我们将研究如何估算煤炭的供应量，以及为什么新的研究是对传统的资源富足假设的挑战。正如我们将要知道的，估算煤炭储量是一项复杂的任务，许多情况下公布的数字具有很大的误导性。

在接下去的四个章节中，我们将看看美国、中国和世界上其他国家的煤炭储量，看看为什么在短短20年内将可能出现全球煤炭供应短缺状况（一些国家几年内就可能出现；另有一些国家煤炭供应已经陷入困境)。

第6章我们将研究新信息的影响,帮助了解气候变化带来的危机。

第7章将探讨煤炭行业的技术,分析如何依靠它们来提高产量和发电效率,同时减少二氧化碳的排放量。

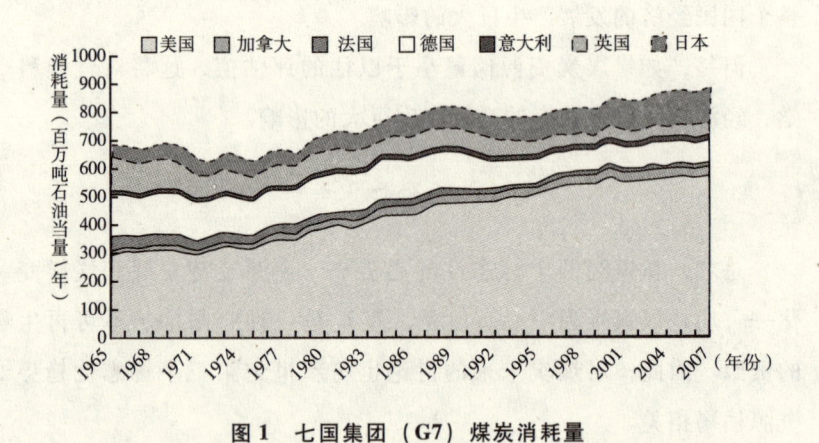

图1 七国集团(G7)煤炭消耗量

最后,我们在第8章将探讨未来的情景,其中有两个主题,即未来会消耗多少煤炭以及能否对煤炭燃烧释放的碳进行捕获与封存。

我们从一个基本的、略带技术性的问题开始。这个问题关系到我们的能源前景及其经济和环境影响,即我们怎么知道我们有多少煤炭资源?

第1章
我们拥有多少煤炭资源？

> 据估计，全球已探明的煤炭储量超过9840亿公吨……这意味着煤炭资源足以供我们使用190年以上。
>
> ——《煤炭资源》，世界煤炭协会，2005年

爱德华·赫尔（Edward Hull）于1864年发布了第一份关于煤炭资源的科学预测，提到英国煤炭的储量大概能维持900年。[1] 但是，约一个世纪之后，预测量变成了500多年。1984年，官方预测英国的煤炭储量只够供应90年。时至2008年，昔日曾是全球规

---

[1] Edward Hull, *The Coal-Fields of Great Britain: Their History, Structure and Resources* (London: H. Rees, 1905); Hull, E., 1864. *The Geology of The Country Around Oldham, Including Manchester and its Suburbs* (*Memoir of the Geological Survey of Great Britain*), Sheet 88SW.

模最大的英国煤炭工业基本消亡了。

美国地质勘探局（US Geological Survey）于 1907 年首次对美国煤炭供应量进行了调查，结果表明美国有可供使用 5000 年的煤炭资源。但如今，美国能源局（US Department of Energy）披露全国的煤炭资源只够供应 200 年。

英国相当于 750 年的煤炭储量估计值显然是错误的，美国相当于 4700 年的估计值更是与事实不符。到底发生了什么？

未来煤炭供应量经常采用储采比［reserves-to-production（R/P）ratio］来表征。储采比是指按当前价格和技术水平尚可开采的资源基数，用年数来表示。这个比值也经常描述为现有供应量能够维持的估算时间，比如，"以目前的消耗速度，全球煤炭储量能维持 190 年"，或者"中国的供应量能维持 100 年"。

这听起来既可靠又合理——是一个简单常识，我们可用一个普通的比喻来简单解释后面要反复提到的这个概念。

假设你每天午饭都习惯喝一罐汤，现在家里橱柜还有十罐，你就可以准确地推断出自家罐头的日常储采比为 10/1，也就是说你有 10 天的储存量。

以上是一个完美的解释。这种情况难道不是和煤炭资源相类似吗？

事实上，基于储采比的不可再生自然资源的供应量预测通常都是有误的，而且经常与事实有很大出入。看似这是个不合理的笼统说法（当然，这个预测偶尔也会准确），但是证据确凿：从实际目的来看，现实情况从不符合基于储采比的预测。

主要有以下三个原因。

（1）能源和材料消耗率并非常数。大多数情况下，随着人口的增长和经济的发展，资源消耗会持续上升。假设某项指定矿产的需求以每年 3.5% 的速度上升，那么，最初能够维持 100 年的资源便会在 50 年内被消耗殆尽。

在我们上面的那个罐头的例子中，如果你爱喝汤的兄弟来你家待一周，那最初作出的预测量（10 天）就不准确了；如果你远在佛罗里达州的妹妹带着她食欲旺盛的十几岁儿子来拜访几天的话，预测量将会更大幅度地缩减。

（2）要想一直维持恒定的或者稳步上升的资源开采率是不可能的，最终只会以不可再生资源枯竭收场。在现实世界，以时间为维度的不可再生资源开采率曲线与修正后的钟形曲线相符。在起始阶段，开采的速度很慢；随着需求的增加和开采技术的提高，开采速度增大；当资源中最容易开采的部分被开采完，这时曲线达到最大值；之后，开采速度逐渐递减，因为这个阶段只有深层的和劣质的储量被探测和开采。

再回到我们刚才的例子：假设罐头不是整齐地叠放在橱柜里，而是被不善理家的前管家胡乱地到处堆放：有些一眼就能看到，有些却藏在墙壁隔板或者地板中（这种情况与不可再生自然资源的实际分布情况十分类似，这些资源需要反复勘探才能得知它们的确切位置）。那些一眼就能看到的罐头，很快被你吃掉；你的兄弟来了之后，你们俩会把那些容易找到的罐头先吃掉，之后就不得不花费相当的时间和精力去整理房间、到处搜寻以获得更多的罐头。几天甚至是几周之后，你妹妹和食量惊人的外甥加入搜寻的队伍，最后的那些罐头终将被找出。

（3）储量不是静态的，会因新发现、高价格（这使劣质的储量变得更加有吸引力）、用于开采和生产的新技术的出现而得以增长。我们上面罐头的例子都是发生在供应量固定的假设前提下，但是在现实中，你家中的食物储存量不可能在任意给定的时间内保持不变。相反，你会定期去超市购买更多的食品。如果你有辆汽车，或者哪怕是辆自行车，你去超市会更方便，也就可以买更多的东西回家。

显然，前两个限制因素使得最初预测的储采比显得过于乐观，而第三个因素则恰恰相反。究竟哪个因素的影响权重更大些呢？根据实际的资源开采经验，得出答案并非易事。许多因素，比如说需求的增长速度，或有待于发现的资源量的多少，都会产生影响。在这点上，我们刚才那个罐头的例子就不恰当了：当它是不可再生资源时，就没有农场、罐头工厂和供货商定时供货的超市了，取而代之的是自然界的有限供应。结论只有一个——第三个因素最多能在一个有限的时间内战胜前两个因素。除非需求急剧减少，否则全球资源将消耗殆尽。

就近原则、从易原则的思维模式制约了绝大多数不可再生资源的勘探和生产。矿产资源的储量不断地被探测出来，但是随着开采历史的延伸，趋势变成只能发现那些首次勘探中没被发现的小储量。同时，产量在持续增长，也许还会增长数十年，当那些探测剩余储量的难度达到顶峰时，就如我们前面提到过的，最终开采率就下降。对于能源资源，当开采资源所需要的能量等于已经被开采出的资源所能提供的能量时，资源的开采基本会停止。

有些地下资源常常会被遗留下来，这些通常都是最初储量的大部分。

因此，看似全球的煤炭储量维持不了190年，事实上持续的时间可能会更长一些，因为有许多以前留下的、仍然可供开采的煤炭资源。但是，这个老套的说法实际上对我们毫无用处。就经济计划目标而言，了解到年生产率不可能再增长的那个时间点会更有帮助。资源消耗曲线比储采比数据信息更有价值。

让我们来看看以下两个例子,帮助理解储采比预测带来的误区。

20世纪70年代,地质勘探学家证实英国的北海海域有着巨大的油藏。随着勘探的进行,资源储量数值也在不断地增加。由于初期产量较低,储采比数值很高。随着生产能力的提高,早期发现的巨大油藏区逐渐消耗殆尽了。到1999年,要想增加总的开采率已不再可能,英国的石油产量开始下滑。到2008年,所有区域的总产量衰减到峰值的一半。但是反常的是,由于储量数值几乎保持不变(因为当产量下降时在北海仍然能有一些新发现),近几年的储采比却是增加的。如果一个人把储采比看做英国石油经济的主要健康指标,那么这会是令人鼓舞的。然而,英国最近被迫成为石油净进口国,这是30年来首次出现的情况。

在过去的25年中,美国的石油生产储采比一直在9~12年。一方面,这个结果令人担忧,因为它意味着美国在仅仅十年内就将消耗掉全部的石油资源;另一方面,储采比25年来都没有发生变化,这个结果又是鼓舞人心的,因为它意味着储量不断地得以补充。然而,得以补充会产生误导,因为它主要是基于美国极其保守的油储量报告条例。同时,美国的石油产量基本上从1970年开始就一直在递减——昔日石油巨头美国如今2/3的石油都依赖于进口。换言之,美国的储油量、储采比和实际产量之间鲜有或者几乎没有一致性。

净 能 量

净能量是指提供给社会的有用能源减去所有与获取能源有关的成本之后的值。[1] 有时用能源投资回报率(ratio of energy

---

[1] Cutler Cleveland and Robert Costanza, "Energy Return on Investment (EROI)," *The Encyclopedia of Earth* (April 2008), eoearth.org/article/Energy_return_on_investment_(EROI).

returned on energy invested，EROEI）来表示。社会依赖于一个正的净能量守恒来维持。然而，从不可再生资源中获得的能量遵从收益递减原则，这样能源投资回报率就随着资源的减少而下降。当开采矿物燃料所需要的能量大于或等于所开采矿物燃料燃烧所提供的能量时，矿物燃料作为一种能源就变得没有用了，这个事实对于按储量分类的煤炭（或者石油或者天然气）资源作了一个物理的限制。

图1-1从理论上展示了资源消耗过程，该资源遵循开采中的"最早即最优"规律。图中纵轴是产量，横轴是时间。总的能量资源"X"是整个曲线下部的面积（"X" = "A" + "B" + "C" + "D"）。直接的能源成本是"D"；间接能源成本（如车辆、公路及医疗保险费等）是"C"；环境的外部效应（在能源方面）是"B"；"A"则代表扣除成本后的总的净能源。在任何特定的时间点上，能源投资回报率均可通过总面积除以成本（取决于边界）的比率来进行计算。可以看出，净能源峰值和趋于零的时间远早于总能量的耗尽时间。

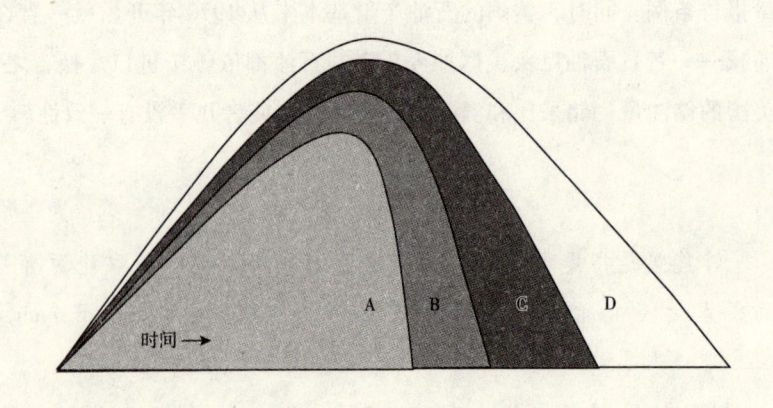

图1-1 资源消耗过程图

从以上讨论我们似乎能得出一个公正的结论,即储采比作为预测煤炭、石油等不可再生资源未来供应量的一种工具几乎无效。我们试图用它(总是失败!)去回答一个错误的问题——什么时候储量将被耗尽?我们真正需要知道的是,尽管我们持续努力来增加储量,生产率将从什么时间开始下降?然而,官方机构,例如美国能源部下属的能源情报署,仍然坚持列出当前世界和国内煤炭的储采比,而未采取任何努力去预测产量峰值。[1]

储采比的部分吸引力在于它的简单性。然而,现实世界是复杂的。关于煤炭,它的复杂性部分源自于它极其多变的特性以及资源的质量。因此,任何掌握煤炭未来供应情况的努力都必须始于对其具体表现的变化性考量。

煤炭的种类

煤炭是一种化石燃料,因此是不可再生的。它是一种由碳、氢、氧构成的固体可燃有机岩,由植物被其他岩石层挤压并且经数百万年的高温高压的综合作用形成。

石油和天然气主要是由大量落到海洋底部的微小植物(如藻类)构成的,而煤炭则是由堆积在沼泽地和泥炭沼里的(泥炭目前覆盖地球表面的3%,在以前的地质时期这个比率更高)蚀变了

---

[1] Energy Information Administration, *International Energy Outlook 2008* (Official Energy Statistics from the US Government, Report # DOE/EIA - 0484, June 2008), Chapter 4, "Coal," eia. doe. gov/oiaf/ieo/coal. html. R/P ratios provided in Table 9, "World Recoverable Coal Reserves as of January 1, 2006," eia. doe. gov/oiaf/ieo/pdf/table9. pdf.

的古代植物的遗体构成。石油和天然气的形成主要缘于两次剧烈的全球变暖,即大约 1.5 亿年前和 9000 万年前;而煤炭的形成则更早,跨越的时间也更长。第一次主要的形成时间发生在后石炭纪(大约 3.6 亿年前~2.9 亿年前),另一个时间是侏罗纪和白垩纪时期(2 亿年前~6500 万年前),第三次是在第三纪(6500 万年前~200 万年前)。

所有化石燃料的品质都是相异的,见表 1-1。例如,来自地质的石油比其他来源的石油更富有黏性,杂质更多。天然气的化学成分也有所不同:其主要成分是甲烷,可能含有大量或少量的二氧化硫、硫化氢、二氧化碳或其他杂质,如果后者在某一水平上的含量过高,则气体被认为是没有商业价值的,不值得开采。

表 1-1 常规能源储存量及能量含量

世界总储存量(截至 2002 年末)	
烟煤+无烟煤	4790 亿吨
次烟煤	2720 亿吨
褐煤	1580 亿吨
常规能源的热量值都相异	
无烟煤	30 兆焦耳/千克
烟煤	18.8~29.3 兆焦耳/千克
次烟煤	8.3~25 兆焦耳/千克
褐煤	5.5~14.3 兆焦耳/千克
木头	12 兆焦耳/千克
煤炭	14~32.5 兆焦耳/千克
石油	41.9 兆焦耳/千克
天然气	53.6 兆焦耳/千克

在某些方面煤炭的多样性甚至比石油或天然气的还大:无烟煤和烟煤的能量密度范围很宽,不同地区的煤的杂质范围也是如此(煤的多样性大部分与原始植物体经受的改变程度有关,这一

过程称为煤化)。在煤炭频谱的顶端是无烟煤——一种含碳多、水分少,和其他煤相比每公斤能产生更多能量的坚硬的黑色煤。在频谱的低端是褐煤和次烟煤,这种煤棕色,易碎,有更多的水分,含碳少,能量低。此外,含有大量的矿物杂质(特别是硫)的煤炭可能无法使用。

煤的质量决定其用途。一般来说,只有无烟煤和一些高碳烟煤适合生产钢铁,这个过程需要高温,所以通常被称为"冶金煤"或"炼焦煤"。由于无烟煤不如其他煤储量丰富,故售价更高,也因此被优先开采。其他煤主要用于发电,所以被称为"动力煤",但这类煤包括了从烟煤到褐煤的多种类型。在频谱的最低端是那些和泥炭几乎没什么区别的煤。

即使是一个很厚的优质煤层,如果它正好位于一个小镇、学校或墓地下也可能无法开采。可达成性也是一个重要因素:附近的基础交通设施的缺乏可能会造成严重的经济障碍,因为煤的运输费超过交付成本的 70%。[1] 最便宜的煤炭运输方式是水运,因此离沿海地区近的煤田最有可能成为全球出口市场。石油工业已经能开采海洋石油和天然气,而在目前的技术条件下埋藏在海洋的煤是很难被开采的,尽管这已经有先例(18 世纪以来英国已经开采了海底煤矿,目前智利、日本、中国和加拿大也在开采此类煤矿)。

煤层位置的深度有很大不同,从露于地表到埋藏在数千英尺下的缝隙。尽管世界上最深的煤矿在英国,达到 5000 英尺(约 1500 米),但在大多数情况下,地下开采只在约 3000 英尺(约 1000 米)处是可行的。显然,深处的开采成本远高于地面开采的

---

[1] World Coal Institute, "Coal Transportation," worldcoal. org/pages/content/index. asp? PageID = 93.

成本，并且矿工的危险性也在增加。在全球范围内，40%的煤炭生产为地面开采（美国大约60%的煤炭是地面开采）。

煤层厚度也各不相同，从只有几英寸厚到远远超过100英尺厚。除非非常接近地表，否则煤层厚度小于28英寸的煤层开采或许是不经济的。

当地质学家和能源分析家尝试回答"存在多少可用煤"这个问题时，能量密度、质量、位置、深度和厚度方面的不同都必须加以考虑。判断煤炭开采是否经济的临界点往往是含糊不清的、变化的。能影响决策的两个变量分别是价格和技术。如果煤炭价格上涨，生产商可能会发现深层开采、开采薄煤层或者开采低品质的煤层都是经济可行的。随着新的采矿机器的发明，在过去看来不经济的开采也变得有利可图了。

一方面，随着越来越多的煤被发现、煤价格的上涨或新的采矿机的发明，煤炭储量也随之扩大；另一方面，随着我们每年开采和使用大量的煤，煤炭储量也在下降。

人们或许期望总储量值变化缓慢，并且可被预测。事实上，正如我们将来会看到的，一些国家的存储量在最近几年里大量衰减，在过去的数十年中，能维持数百年的全球煤炭资源已经耗尽。考虑到世界经济在很大程度上依赖于煤炭资源，这种趋势难于想象。如果我们想了解为何会发生储存量下降的现象，有必要仔细研究一种更专业、技术化的煤炭储量估算流程。

如何估算煤炭资源的储量？

煤炭资源储量的估算工作延续了几十年，如今已构建了一个复杂的过程，世界各地的成千上万名训练有素、经验丰富的煤炭地质学家为此工作着。

第一步是鉴定出煤炭资源可能存在的区域。这是用一些过时的、艰苦的地质学野外勘探的方法，通过地图、指南针和挖掘来完成的。地质学家大多数是通过发现那些由于河床冲刷或古代地壳运动而暴露出来的岩层来寻找煤炭。一旦一个可能的区域被证实了，就会取出岩心来鉴定煤层的厚度和深度，以及煤炭的质量和特性。这些岩心会被仔细地研究分析，相关数据输入计算机，就可画出该区域的三维地质图。然后，通过此类地图预测储层的大小。最终，通过加和各个区块的储量就得出整个区域的煤炭储量。

不管这个过程进行得多么仔细，它不可避免地包含了很多推测的成分。请注意，储量不是根据现阶段的煤炭资源总量（即资源）来定义的，而是根据现有技术能够开采出来并获得一定利润的资源数定义的。储量不仅受资源质量、缝隙的厚度、深度和位置的限制，而且分析人士必须考虑采矿过程中会不可避免地遗留一部分资源的事实。地下开采尤其如此，某些情况下，原始储量的大部分都会被遗留下来。[①] 根据历史数据统计，地下矿产的实际勘探量中平均只有50%符合所有经济指标可用于开采；对于地表开采而言，这个比例能达到85%。[②]

---

① 在与南非的一位煤矿工程师交谈中，他向我描述了成本驱动型挖掘技术是如何忽视质量较差资源的。如果按该法行事，一旦此类地下矿井被关闭，很可能永远不再被重新启用。尤金·卡梅隆在《十字路口：美国的矿产问题》一书中解释了为什么被遗弃的矿井易发生塌方，而且重新修复的费用过高。同时也提到较差煤层一般不会进行再次开采，该类矿井的煤炭成为被遗弃的资源。

② Eugene N. Cameron, *At the Crossroads: The Mineral Problems of the United States* (John Wiley & Sons, 1986), 43–45.

理想情况下，所有的影响因素都应考虑进去才能得出和发布一个地区或者国家的最终储量。然而，理想情况是很难做到的。

储量分析的任务变得很困难，例如，私营煤炭公司常常对它们的数据保密。因此，当公共机构着手汇编国家储量的统计数据时，可能会发现现有数据出入很大。一些国家甚至根本就没有相关人员或资金的投入来正确地编译和更新记录。

另外，现在没有一个国际公认的、统一的评估和披露资源储量的方法。在美国，煤炭地质学家都按照以下的界定来进行分类，见表1-2。

表1-2 煤炭资源分类

原始资源	推算储量
剩余资源	显示储量
探明资源	测定储量
推测资源	临界储量和测定储量*
测定资源	
储量基础	

* Gordon H. Wood, Jr., Thomas M. Kehn, M. Devereux Carter, and William C. Culbertson, "Coal Resource Classification System of the US Geological Survey," *Geological Survey Circular 891*, USGS, pubs. usgs. gov/circ/c891/.

但是其他国家都有自己的分类体系，并界定相应的内涵。因此要想把各个国家的储量综合到一起，进而描绘出全球储量图就成为一项非常艰巨的任务。这件事情也许只能期望国际能源机构的数据处理团队来完成，或者由一些有充足经费支持且具有权威性的协会来进行。难以置信的是，这项工作竟然由一个二人团队——艾伦·克拉克（Alan Clarke）和朱迪·崔恩莱曼（Judy

Trinnaman）在执行，他们的能源数据公司总部在英国的多赛特郡（Dorset）。克拉克和崔恩莱曼每三年给全球每个煤炭生产国发一次调查问卷。据克拉克说，大概2/3的国家会回复，但这些回复仅有50%是有效的。有些报告数据因为不可靠而被弃用。这些反馈信息的国家提供的储量数据也没有通过一些独立的地质调查来进行核实。[①]

来自能源数据公司的数据被每三年举办一次的世界能源大会报告所引用，随后再被国际能源机构、美国地质勘探局、英国石油公司（BP）等机构发布。

克拉克和崔恩莱曼坚信他们获得的数据能够提供优质的服务，但是考虑到这些数据的来源，结果难以令人信服。

煤炭储量和未来供应的近期研究

正如引言所强调的，对于未来全球煤炭供应的质疑不仅仅是学术性的。当下全球经济比以往任何时候都更加依赖于煤炭资源。同时，全球是否以及如何继续消耗煤炭这一问题对全球气候变化影响重大。精确地估算煤炭储量以及预测供给比以往显得更加重要，全球都在制定世纪能源战略。

近期的几项研究中都假设全球拥有足够的煤炭。以下是我们总结的最重要的五项研究。接下来的四章中，我们在研究世界主要煤炭生产国的煤炭储量和生产的重要性时还会再提到这几项研

[①] David Strahan, "Coal: Bleak Outlook for the Black Stuff," *New Scientist*, 2639 (2008), environment.newscientist.com/channel/earth/mg19726391. 800 - coal-bleak-outlook-for-the-black-stuff. html.

究。尽管这些研究没有达成共识,但它们代表了当前可获取的最好的、最新的数据及其分析。

《煤炭:资源及其未来产量》
——能源观察小组(Energy Watch Group, EWG),2007年3月

能源观察小组是由德国国会议员汉斯·约瑟夫(Hans-Josef Fell)成立并由路德维希—伯尔科基金会(Ludwig-Bölkow-Foundation)赞助。它的使命是评估化石能源和核能的未来供应问题,并制订可再生资源发展方案以及在价格可接受范围内长期、安全的能源供应战略。2007年3月能源观察小组发布报告《煤炭:资源及其未来产量》。[1] 其核心结论是,全球煤炭可采储量远低于普遍认知,世界煤炭产量很可能在10~15年内达到峰值。

该报告的作者沃尔纳·齐特尔[路德维希—伯尔科系统工程有限公司(Ludwig-Bölkow-Systemtechnik GmbH)职员]和约尔格·辛德勒(路德维希—伯尔科系统工程有限公司总经理)认为"(煤炭储量的)数据质量是非常不可靠的",特别是关于中国、南亚和前苏联国家的数据。一些国家(如越南)从20世纪60年代以来就一直没有更新过它们的"可探明储量"。中国最后一次的更新时间是1992年,尽管官方没有披露过,从1992年至今,该国已有20%的储量被消耗掉。

更引人注目的是,自1986年以来,所有拥有重要煤炭资源的国家(除印度和澳大利亚外)在试图更新它们的储量估值时,都报告要大幅向下修订数据(在2007年的调查中,能源观察小组指

---

[1] Werner Zittel and Jörg Schindler, "Coal: Resources and Future Production," *EWG-Series No. 1/2007*, Energy Watch Group (2007), energywatchgroup.org/fileadmin/global/pdf/EWG_ Report_ Coal_ 10 - 07 - 2007ms. pdf.

出印度的储量从 920 亿吨下降到 560 亿吨；这项调查是在能源观察小组报告公布后发布的）。一些国家，包括博茨瓦纳、德国和英国，储量已经向下调整了 90% 以上。波兰现今的储量不足 20 年前的一半。每一次新评估（印度和澳大利亚的情况除外）都呈现了这种普遍趋势。这些下降值不能被该时期所生产的煤炭的总量所解释。就能源观察小组而言，最好的解释是这些国家通过深入的调查获得了更好的数据。如果情况果真如此，那么将来下调的数据很可能来自那些储量估计值已使用数十年之久的国家。

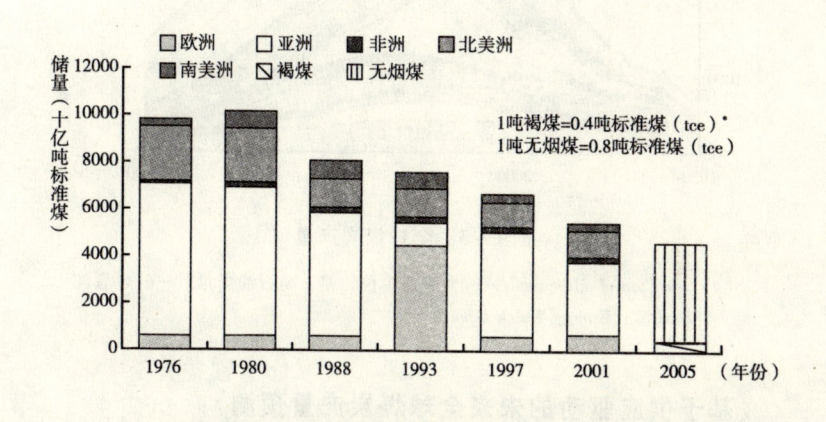

图 1-2　全球煤炭资源估算历史数据

* tce（ton of standard coal equivalent）是 1 吨煤当量，是按标准煤的热值计算各种能源量的换算指标。——译者注

资料来源：BGR，1995/1998/2002/2006/Analysis：LBST 2006。

该报告总结说："现在和过去的经验都不支持这种说法，即随着新煤区不断被发现以及煤炭价格上涨，储量会随时间的增长而增加"。这项结论可用以下事实说明：世界原产地的煤炭资源已经从 1980 年相当于 10 万亿吨的无烟煤量减少至 2005 年的 4.2 万亿吨，在短短 25 年的时间里下降了 60%。

能源观察小组通过对全球煤炭资源的峰值分析得出结论，世界产量将在2025年左右达到最高水平，接下来约20年缓慢下降，然后在2050年左右开始急速下降。

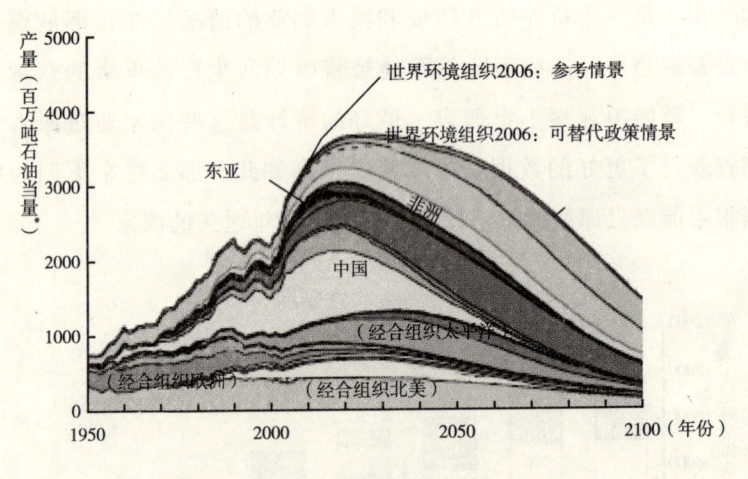

图 1-3 全球煤炭产量

* toe（ton of oil equivalent）为能量单位，是1吨石油当量。——译者注
资料来源：Energy Watch Group。

《基于供应驱动的未来全球煤炭产量预测》
——胡克、齐特尔、辛德勒、阿拉卡累卡（Höök, Zittel, Schindler, Aleklett）；乌普萨拉油气损耗研究小组（Uppsala Hydrocarbon Depletion Study Group）

这份2008年度报告的作者中有两位也负责能源观察小组的研究工作，由此可预见到这两项研究的结论是相似的，实际情况也确实如此。但这份较新的报告分析得更加透彻。未来全球煤炭产量既可以使用logistic增长模型（logistic growth model）来进行预测，也可以运用以往储备与资源评估经验来进行预测。两者的结果是一样的：

全球煤炭产量将在未来的 10~15 年内增加 30% 左右，主要由中国、印度、澳大利亚和南非等国家的需求所驱动。到 2020 年左右全球产量将趋于稳定，2050 年后产量将进入下降期。[1]

作者也指出过去的一个世纪中大多数国家的煤炭储备与资源在不断地下降。下降的原因与其他类型能源的竞争以及各种政治管制也有关系，但针对这一趋势的解释，需求导向比实际可用煤炭数量的地质学解释更易被接受。

报告指出对未来供应的乐观预测主要依据是新技术可把资源（地底煤炭资源）转化为储量（可被经济开采的煤炭资源）（见下文德国联邦地学与自然资源研究所的报告）。作者指出，在过去一个世纪里，新的勘探和开采技术的引进对现有煤炭储量的影响非常小。他们认为这种情况将继续：

全球未来的煤炭供应可能被高估，将资源拥有量升级为储量的观念需要重新评估，因为历史上还从未大规模地发生过此类事情。这需要更深入地进行研究，对资源升级机制的所有细节进行考察，以便找出一个适合未来产量预测的方法。[2]

作者提到，"纵观历史，资源无足轻重，除非引起历史发展的重大偏差，否则它们在未来是无关紧要的"。他们呼吁"储量评估

---

[1] Mikael Höök, Werner Zittel, Jörg Schindler, and Kjell Aleklett, "A Supply-Driven Forecast for the Future Global Coal Production," contribution to ASPO (2008): 36, tsl. uu. se/UHDSG/Publications/Coalarticle. pdf.

[2] Mikael Höök, Werner Zittel, Jörg Schindler, and Kjell Aleklett, "A Supply-Driven Forecast for the Future Global Coal Production," contribution to ASPO (2008): 36, tsl. uu. se/UHDSG/Publications/Coalarticle. pdf. , 37.

如果有更好的数据以及更易懂和更可靠的系统就能为能源系统的长期决策和预测奠定坚实的基础"。

《煤炭的未来》

这项研究是由能源研究所（Institute for Energy，IFE）的卡瓦罗（B. Kavalov）和皮提维斯（S. D. Peteves）为欧盟委员会联合研究中心准备的，已于2007年2月出版。该研究对未来煤炭供应提出疑问，但没有进行峰值分析。

尽管卡瓦罗和皮提维斯是基于大家熟知但有误导性的储采比数据来对未来供应问题进行讨论的，然而，能源研究所的结论大致证实了能源观察小组的结论。

这项研究的三个主要结论如下：[1]

　　◇ 世界已探明煤炭储量（即在目前的经济和操作条件下可采储量）在急剧减少。
　　◇ 大部分的煤炭产量和出口量逐渐集中在一些国家和市场参与者手中，这将造成市场不完善的风险。
　　◇ 由于需要开发新煤田，日益恶劣的地质状况以及开发新煤田需要的相关的额外基础设施成本，都使得世界各地煤炭生产成本不断上升。

作者在这篇文章的开头就提出问题："煤炭将会是未来之燃料吗？"数页之后，他们得出令人不安的结论，"作为未来的能源资

---

[1] B. Kavalov and S. D. Peteves, *The Future of Coal* (Luxembourg: European Commission, Directorate-General Joint Research Centre, Institute for Energy, 2007), 4, ie. jrc. ec. europa. eu/publications/scientific_ publications/2007/EUR22744EN. pdf.

源，煤炭可能不是那么的丰富，来源不是那么的广泛和可靠"。同时，他们提到"全球消耗掉经济上可开采的（按目前的经济与作业条件）煤炭储藏量的时间可能比普遍预期的要早很多"。作者还强调了能源观察小组在研究中指出，不同等级的煤炭及供应问题将首先对最高等级的矿石造成影响。

所有这些都可解释未来几年煤炭价格升高的原因。这个结论在能源研究所的报告中反复被提到："历史数据表明，同等能量含量的煤炭价格比石油和天然气确实是便宜。然而，所有一切都有可能改变……前面介绍的国家和地区概况已经表明未来大多数国家煤炭回收率将导致更高的生产成本。既然国际煤炭价格仍与生产成本挂钩……可以预测出全球煤炭价格水平将会提高。"

随着煤炭价格的提高，"煤炭价格和石油、天然气价格之间的差距很可能会缩小"，其结果是"未来全球石油、天然气和煤炭市场关联度会越来越高，能源市场将趋向于发展成为一个碳氢化合物的全球市场"。

哈伯特线性回归和曲线拟合
——由大卫·拉特里奇（David Rutledge）[1]、让·拉何瑞（Jean Laherrère）[2] 等人研究

在 20 世纪 80 年代初，地球物理学家金·哈伯特（M. King

---

[1] David B. Rutledge, "Hubbert's Peak, the Coal Question, and Climate Change," California Institute of Technology, presentation (2007), rutledge. caltech. edu/.

[2] Jean Laherrère, "Peak (or Plateau) of Fossil Fuels," (paper presented at Energy, Greenhouse Gases and Environment, Universidade Fernando Pessoa, Porto, Portugal, 6-8 October 2008), aspofrance. viabloga. com/files/JL_ Porto_ long_ 2008. pdf.

Hubbert)(1900~1989)——被公认为石油矿藏耗减领域研究的创始人——采用数学方法预测最终可开采的石油数量,并运用生产统计来测定石油产出峰值到来的时间。也有一些人认为这种方法可用来预测未来煤炭的供应情况。

在1982年出版的一篇题为"石油和天然气产量的预测技术"的论文中,哈伯特引进了这种方法,现在被称为"哈伯特线性化"(Hubbert linearization,HL)。[1] 后来肯尼斯·德菲叶斯(Kenneth Deffeyes)在他的著作《超越石油:哈伯特的峰值观点》一书中对此进行了详细阐述。[2]

哈伯特线性化的内在假设是产生一种不可再生资源的能力完全地、线性地取决于任何时间点的可采资源的未开采部分。简言之,这是对事实进行建模的数学方法。这个事实就是我们倾向于先发现和生产最容易开采的资源,因而导致随着时间的推移,生产中需要付出更多的努力。

图1-4的横轴是累积产量,纵轴是年产量占累积产量的比值(P = 年产量,Q = 累积产量),用公式 $P = a(\frac{1-Q}{Q_t})Q$ 表示,a 代表年产量,作为累积产量的一部分。早期,产量自然很低,但它在总的累积产量中占有很高的比例。随着时间的推移,累积数字在上升,而年度产量占累积产量的百分比却越来越小。

---

[1] M. King Hubbert, *Techniques of Prediction as Applied to the Production of Oil and Gas*, in *Oil and Gas Supply Modeling*, National Bureau of Standards Special Publication 631, ed. Saul I. Gass, (Washington: National Bureau of Standards, 1982), 16–141, rutledge. caltech. edu/King%20Hubbert%20Techniques%20of%20Prediction%20as%20applied%20to%20the%20production%20of%20oil%20and%20gas. pdf.

[2] Kenneth Deffeyes, *Beyond Oil: The View from Hubbert's Peak* (New York: Hill and Wang, 2005).

因此，整个产量的历史走势呈现为一条上下振动、整体向下走的直线。

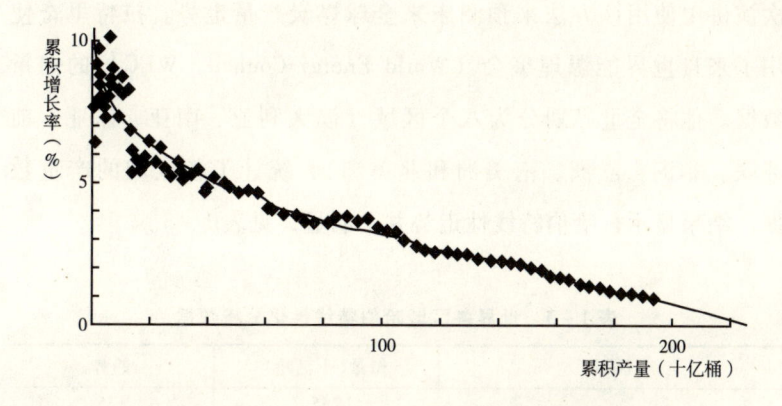

图 1-4 美国 48 个州的石油产量哈伯特线性拟合图，显示 2250 亿桶油的最终储量

如果产量数据受限于部分时间或者受到临时刺激，拟合的直线都会偏离之前的路径。如果该方法过早地被用于对以往产量的分析，其结果就没什么参考意义了，因为线性趋势的出现需要一定的时间。此外，这种方法最适合评估大的区域，因为在一个小区域，生产周期后期任意一个新发现都可能产生明显的扭曲，误导早期趋势延伸方向。

不过，如果区域很大、历史时期很长，这些数据显示出明显的趋势，那么建立那样的趋势线用于预测最终资源可采储量是可行的。

在诸如美国、英国、墨西哥和阿曼这样的石油生产国，用哈伯特线性化方法来预测最终可采石油量是行之有效的，当然没有明显的理由说明这种方法不适用于像煤炭这类不可再生资源的预测。

加州理工学院（Caltech）富保电气工程教授兼工程和应用科学分部主席大卫·拉特里奇，于2007年10月在加州理工学院的一次演讲中使用该方法来预测未来全球煤炭产量走势。拉特里奇使用了来自世界能源理事会（World Energy Council，WEC）的储量数据。他将全世界划分为八个区域（澳大利亚、南亚、东亚、前苏联、非洲、欧洲、南美洲和北美洲），统计了各区域的产量数据，结果显示，哈伯特线性走势并不明显，见表1-3。

表1-3　世界各区域哈伯特线性化分析数据

区域	储量（十亿吨）	趋势
北美	255	135
东亚	190	70
澳大利亚和新西兰	79	50
欧洲	55	21
非洲	30	10
前苏联	223	18
南亚	111	
中美和南美	20	
全球（3.6桶石油当量/吨）	963（3.5Tboe）	435（1.6Tboe）

boe：桶石油当量　　Tboe：万亿桶石油当量[①]

假定哈伯特线性回归成立，拉特里奇发现世界能源理事会官方所采纳的储存量只有近一半可被实际开采。

在随后的交流中，拉特里奇提到他并不认为哈伯特线性回归方法对估计全球煤炭产量峰值的到来时间有效。然而，如上所述，该方法常被其他人用于预测个别国家和整个世界石油生产高峰期。

[①] World Energy Council, *2004 Survey of Energy Resources*, 20th edition, (London：World Energy Council, 2004), 9, worldenergy.org/documents/ser2004.pdf.

储量的近一半一旦消失，保持相同或是有增幅的产量就变得日益困难。哈伯特线性图可以被转换成一个 logistic 曲线，该曲线下方的量等于图 1-4 预测的最终可采储量。等式两边取倒数：

$$P = a\frac{(1-Q)}{Qt}Q \qquad \frac{1}{P} = \frac{1}{a\frac{(1-Q)}{Qt}Q}$$

因此，如果有足够的随时间变化的产量数据，原则上有可能获得最终可采储量估值和年生产峰值预测数。

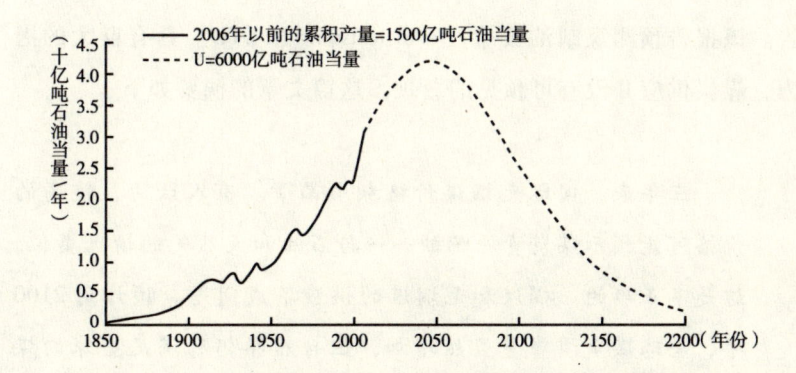

图 1-5　世界年产煤炭量和 U = 6000 亿吨石油当量模型

经验丰富的石油地质学家让·拉何瑞担任道达尔（TOTAL）勘探部门副总时，撰写了许多有关全球石油和天然气潜在和未来产量的报告，审核了全球煤炭储量和生产数据，并绘制了未来煤炭再生产的哈伯特回归图，该图表明世界煤炭年产量将在 2050 年前出现峰值。[1]

拉何瑞在他的计算中喜欢使用整数。他认为，储量即使估计到小数点后一位仍不精确，事实上，估计值是不固定的、有争议和不准确的。这种观点让我茅塞顿开。

---

[1] Jean Laherrère, e-mail message to author, April 17, 2008.

《褐煤和无烟煤：2100年全球所需能源供应展望》

最近关于世界煤炭储量的研究结果悲观——这样的印象可能是错误的。

德国联邦地学与自然资源研究所（German Federal Institute for Geosciences ans Natural Resources，BGR）的托马斯·蒂勒曼（Thomas Thielemann）、桑德罗·施密特（Sandro Schmidt）和彼得·杰林（J. Peter Gerling）在《国际煤炭地质学》发表了一篇报告。该报告预测煤制油技术（coal-to-liquids，CTL）具有巨大的潜力，煤炭供应并没有可预见的瓶颈。这篇文章的摘要如下：

> 三年来，国际无烟煤价格相当昂贵。有人认为，较高的价格可能预示煤炭资源稀缺——与石油和天然气的情况类似。这是不正确的。褐煤和无烟煤的供应不成问题。预计到2100年，全球煤炭消费量虽然增加，但自然界仍可满足全球的煤炭需求……唯一要关注的地区是亚洲（特别是中国）。但是，中国当下和未来在将煤炭资源变为煤炭储量方面所付出的努力，应该能够解决中国市场的需求问题。[1]

该报告的结论非常明确：从地学角度分析，2100年前的全球

---

[1] Thomas Thielemann, Sandro Schmidt, and J. Peter Gerling, "Lignite and Hard Coal: Energy Suppliers for World Needs until the Year 2100—An Outlook," *The International Journal of Coal Geology* 72 (Issue 1, September 2007): 1 - 14, sciencedirect.com/science?_ob=ArticleURL&_udi=B6V8C-4NJWNJP-2&_user=6682544&_rdoc=1&_fmt=&_orig=search&_sort=d&view=c&_acct=C000050221&_version=1&_urlVersion=0&_userid=6682544&md5=e433f606890f77057a515cdf0330af4d.

煤炭供应不成问题。

在本报告中使用的国家煤炭储量数据与能源观察小组使用的数据相同。

来自德国联邦地学与自然资源研究所的作者们还假设了全球煤炭需求量会缩减,即从目前需求量每年6%增长率(主要由中国消费模式造成的)缩减到2%或3%。他们承认他们的预测看起来"比较保守",并认为目前的高消费增长的稳定性是"不确定"。

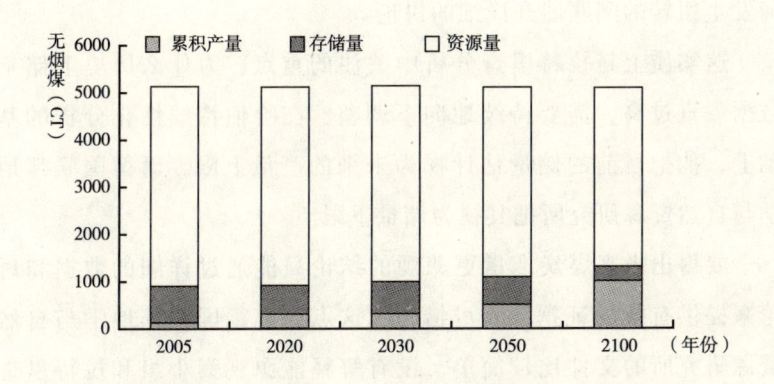

图1-6 2005~2100年产量、存储量及资源量

结　　论

人们会对德国联邦地学与自然资源研究所的研究结果与其他近期研究结论的巨大差异感到惊讶。德国联邦地学与自然资源研究所和能源观察小组使用相同的数据,他们怎么会得出如此不同的结论呢?

从本质上讲,德国联邦地学与自然资源研究所假设了可通过增加投资与开发以及发展新的采矿技术来使大规模的资源转化为储量。也许其中最重要的是，作者预期中国有数千亿吨的资源可转化为储量，以解决中国几十年的供应问题（能源观察小组预见了本世纪中叶之前中国重要的煤炭供应问题）。

德国联邦地学与自然资源研究所的作者们并没有从相反的方向讨论历史趋势：近几十年来，特别是在那些储量报告实践最佳的国家，储备转化为资源的数量已远远超过了资源转化为储量的数量。他们并未就为什么这种趋势会发生扭转以及这种趋势是如何发生扭转的问题展开详细的讨论。

这实质上是拉特里奇分析中关注的重点：为什么历史上储量数据一直过高，需要持续地向下调整？在哈伯特线性化分析的基础上，他把目前的储量估计视为未来的产量上限，而德国联邦地学与自然资源研究所把其视为储量下限。

要得出未来煤炭产量更悲观的结论只能通过详细的数据和讨论来提供有效的证据。真可惜，就这点而言德国联邦地学与自然资源研究所的文件比较简单，没有解释能源观察小组和拉特里奇提出的许多问题。

❖❖❖

本章我们从世界煤炭协会出版的一本名为《煤炭资源》的小册子开始：

> 据估计，全球已探明的煤炭储量超过9840亿公吨……这意味着煤炭资源足以供我们使用190年以上。

基于我们目前所了解的来看，这个叙述可能产生误导作用。用储采比预测未来供应量是很明显的错误。此外，"9840亿公吨"

的储量数字，听起来可靠权威，实际上是令人生疑的。

煤炭资源的确很多。但如果它们难以开采或者质量极低抑或无法满足现代工业经济的能源需求等，那它就是没有用的。因此，我们需要更好地回答以下四个问题：

◇ 目前有多少资源量可被视为储量？

◇ 随着煤炭价格的上升及新技术的开发，今后有多少资源能被转化为储量？

◇ 现有储量中有多少可能被再回收为可用资源？

◇ 煤炭生产（把全世界作为一个整体，并考虑重点区域）何时停止增长并维持长时间的下降？

如果我们想要更详细地了解资源、储量以及产量，我们应该考虑上述问题并针对世界上每个主要煤炭生产区域进行研究。

第 2 章
美国的煤炭资源

美国拥有世界上最大的煤炭储量,故有时被称为"煤炭王国的沙特阿拉伯"。美国是世界第二大煤炭生产国,仅次于中国,产量是第三及第四大生产国(印度和澳大利亚)总和的近3倍。

19世纪80年代中期之前,木材是美国最主要的燃料,但是森林的大量砍伐加大了对煤炭资源的依赖程度。之后煤炭成为美国主要的能源资源,直到20世纪30年代被石油超越。如今,美国大约一半的电力生产和供应是以煤炭为燃料,大约占该国总能源的1/4。

目前,美国年煤炭产量超过10亿吨,且每年都在增长。这远远超过了1960年产量的两倍。然而,由于每吨煤所产生的平均能量在下降(即资源质量在下降),故由煤炭资源获得的能源总额对美国经济的贡献在1998年达到高峰,现在一直在下降。1955年以来,每单位重量煤炭的能量含量(也称为"热值")下降了30%以上。部分原因是自1970年开始,美国无烟煤储量逐渐枯竭,出现日益依靠次烟煤甚至褐煤的趋势。煤炭资源的等级正在下降，甚至于同一等级的煤炭质量也在下降。

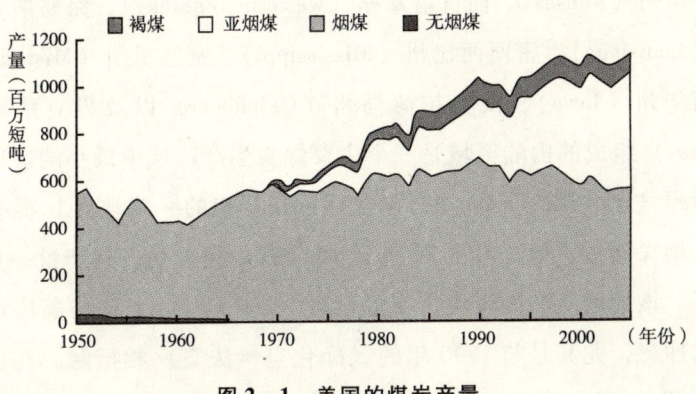

图 2-1 美国的煤炭产量

资料来源：EIA 2006。

尽管美国许多州都有煤炭资源，但其储量主要集中在阿巴拉契亚州（Appalachia）、伊利诺伊州（Illinois）、怀俄明州以及蒙大拿州（Montana）。美国最大的53个煤矿都集中在这几个州，它们的产量几乎占了总产量的60%。

在美国，宾夕法尼亚州（Pennsylvania）、肯塔基州（Kentucky）和西弗吉尼亚州（West Virginia）三个州产出的优质煤占全美优质煤总量的52%。这三个州的煤炭产量似乎正在下降或者保持平稳。美国东北部是国内最早的定居区，并长期作为工业制造业中心，因此这一地区的煤炭被优先开采就在情理之中。如今，宾夕法尼亚州的无烟煤几乎全部采尽了。当地采矿公司现在开采的煤层只有28英寸厚。西弗吉尼亚州是美国第二大煤炭生产州（仅次于怀俄明州），其大部分煤矿都是采用山巅移除之类破坏环境的做法进行着表面开采。据最近美国地质勘探局（United States Geological Survey，USGS）的一份报告显示，该州已经接近其最大产率，并将在未来几年内开始下降①。

由伊利诺伊州、阿肯色州（Arkansas）、印第安纳州（Indiana）、堪萨斯州（Kansas）、西肯塔基州（western Kentucky）、路易斯安那州（Louisiana）、密西西比州（Mississippi）、密苏里州（Missouri）、爱荷华州（Iowa）、俄克拉荷马州（Oklahoma）以及得克萨斯州（Texas）组成的内陆区域是三个主要煤炭生产区域中最小的。伊利诺伊州盆地（Illinois Basin，包含邻近几个州的一些地区）拥有大量的烟煤储量，但是自从20世纪90年代中期开始，其产量一直在下降。该地区所产的煤炭含硫量很高（3%~7%），这与美国环境法相冲突，尤其是与1990年的《净化空气法案》相抵触。在这项法律颁布之前，发电厂燃烧高硫煤释放的排放物引起的酸雨导致全国大部分地区的森林大幅度减少。路易斯安那州出产的褐煤是该区域的例外，它的含硫量很低，因此近几年的产量在大幅度上升。2018年以后，美国的火力发电厂将被强制性地使用硫洗涤器，此举可能会促使伊利诺伊盆地的煤炭增产。

怀俄明州有一些烟煤，但其大部分的储量由次烟煤和褐煤构成。该州的产量［主要来自粉河盆地（Powder River Basin）］自1970年以来急剧增加，主要原因就是其煤炭丰富且含硫量低、采用成本很低的露天开采。怀俄明州目前煤炭产量占密西西比河以西煤炭生产量的80%。

蒙大拿州也有大量低品质的煤藏（次烟煤和褐煤），但这些都没有进行开采。现任州长布赖恩·史怀哲（Brain Schweitzer）正在推动运用气化和碳封存技术进行这些资源的开发，但这是否能马

---

① Robert C. Milici, "Production Trends of Major US Coal-Producing Regions," (in Proceedings of the International Pittsburgh Coal Conference, Pittsburgh, 1996), byronwine. com/files/coal. pdf.

上实现或者说能在多大程度上实现值得怀疑。蒙大拿州的煤炭中含有盐分,如果广泛采用露天开采的话,盐就不可避免地会渗透到环境中去,污染河流并给作为国家经济引擎以及具有重要政治影响力的畜牧业带来麻烦。

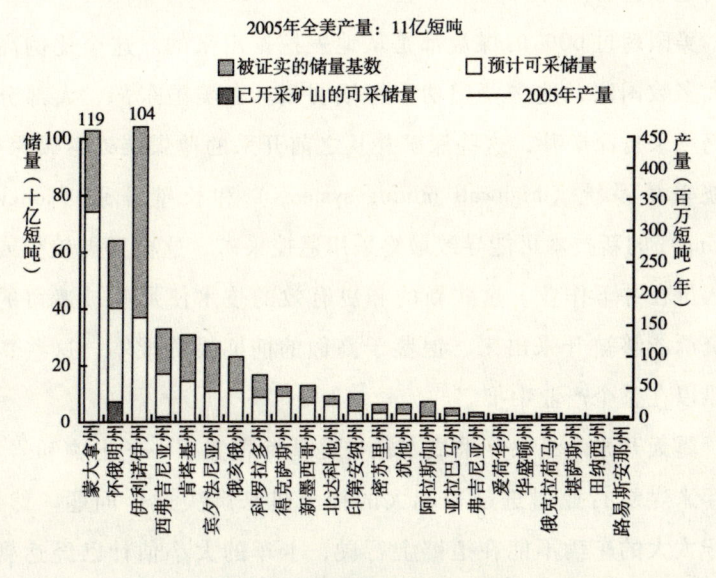

图 2-2　美国煤炭储量与产量

阿拉斯加州有广阔的煤田,这些煤田由于地处偏僻而尚未开发。比较看好的地区位于北极圈西北部,在希利(Healy)的周边,位于席苏(Mat-Su)峡谷,沿着库克海湾(Cook Inlet)。上涨的国际煤炭价格会导致这些资源的规模开发,这对国家来说具有重大的经济意义。

就整个国家而言,未来的供应取决于怀俄明州增加的低品质煤产量弥补东部下降的高品质煤产量还能持续多久——怀俄明州的供应未来也有可能被蒙大拿州和伊利诺伊盆地的供应所取代。

显然，美国有潜力生产大量的煤炭。但是，随着具有高燃烧值的煤炭的逐渐消耗，大量低品质煤炭将不断被开采以求获得相同数量的能量。此外，随着从蒙大拿州和伊利诺伊盆地开采出来的煤炭数增加，将需要建设更多的铁路运输基础设施并且需要克服环境问题和监管障碍。

美国超过60%的煤炭都是从地表挖掘出来的。这个比例高过绝大多数国家，这主要归功于怀俄明州。在美国东部，大部分煤矿仍然来自深矿井，这些深矿井从之前开采的薄煤层处继续深挖。边坡采矿系统（highwall mining systems）和长壁开采（longwall mining）的新技术可能导致最终采用遥控采矿，这样只需较少或无需人员在井下作业。这些新的和更有效的技术使那些被遗留的煤炭资源能够被开采出来，但鉴于高额的前期投资成本，这些新技术难以在整个产业中推广。

露天开采的最大开采成本往往是清除覆盖层——土壤和岩石。多年来煤炭行业引进越来越大的推土机来解决这个问题。然而，由于太大的车辆不能在道路上行驶，卡车的大小估计已经达到了使用上限。

不管采用何种方法开采煤炭都必须考虑行业成本底线：从地底下获得煤炭的成本不能超过产出煤炭的市场价格。因此，处于边际效应的煤炭是开采出来获利还是干脆继续留在地下取决于当前的价格。但是，另一方面，随着煤炭运输成本的上升，煤炭价格也在不断上升，除非价格上涨抑制需求才可能会停止。假定电力需求在不断扩大（直到当前的经济危机），而比煤炭更便宜的产能替代品在短期内数量又不够，要想近期抑制煤炭价格几乎是不可能的。由此看来，现在开采边际煤田更为可行。

2006年1月至2008年1月两年时间内，美国优质冶金煤炭价格从每吨约 100 美元上升到每吨 250 美元。阿巴拉契亚中部（Central Appalachian）的动力煤从两年前的每吨 40 美元上升到每吨 90 美元。在此期间，生产成本也在上升，但是上升幅度没有这么大。

煤炭的生产成本与石油价格有关。考察一下梅西能源公司（Massey Energy Company）的情况：梅西能源公司是全美第四大煤炭公司，该公司每年用 4000 万加仑的柴油生产 4000 万吨煤炭——大约 1 吨煤需用 1 加仑柴油（该公司还使用润滑剂、橡胶制品和爆炸品，所有这些都是由石油或天然气制成的）。如果柴油价格上涨 1 美元，直接导致煤炭生产成本增加 4000 万美元；相关间接成本也在增加。

这些成本和价格必须按比例来看：尽管美国一半的电力是由煤炭产生，为国家的所有经济活动提供了必要基础，但是美国煤炭行业的收入只有约 250 亿美元——相当于沃尔玛收入的 1/10。

近几年来，美国是煤炭净进口国，因为从南美洲船运到滨海城市的煤炭往往比用铁路运输来的国内煤炭更便宜。部分原因是由铁路运输瓶颈造成的，目前正通过铺设更多的铁轨和装配更多的运煤卡车来解决。然而，随着 2008 年煤炭价格居高不下以及中国和印度的进口增长，美国开始大量出口。煤矿雇用更多的工人来大力发展煤炭生产。目前还难以确定经济危机对美国能源需求和美国煤炭价格会产生多大且多久的影响。

储量估算历史

美国煤炭资源乐观主义者和悲观主义者之间的争论已经有很

长时间了——该争论在全球煤炭资源图上可以显示一二。

1907年，美国地质勘探局理事莫瑞斯·坎贝尔（Marius R. Campbell）首次对美国的煤炭资源进行科学调查，得出结论：最终可采储量达3.1572万[①]亿吨，当年的年产量是5.7亿吨，简单计算得到储采比是5500∶1，意味着美国还有5500年供应量。这意味着美国煤炭数量足够支撑美国经济计划。

坎贝尔估测的同时也指出大部分的煤炭资源是不可开采的，或由于其他原因而难以获取。他还写道："……现今开采的大多数煤炭是全国最好的，可是不久后，可能不到50年（1959年前）大量优质煤将先被耗尽。"不过，多年来坎贝尔对总储量的估算都是根据表面价值来判断的。

很快，国家开始收集更详细和准确的信息，结果部分地区储量数值下降了。由此，美国煤炭委员会（US Coal Commission）在1923年展开新的调查，结果发现所有州的储备数值都下降了，并将一些州从活跃的煤炭生产商名单除名。然而，20世纪头几十年，美国地质勘探局和矿务局一直坚持美国应该有能供几千年使用的丰富的煤炭资源的观点。

二战结束后不久，宾夕法尼亚州约翰斯敦市（Johnstown）的煤炭工程师兼煤炭经销商安德鲁·克莱顿（Andrew B. Crichton）着手对州与州之间现有储量进行非正式的调查，并在《煤炭技术》刊物上发表了一篇题为"我们到底还有多少煤炭？——最新调查的必要性"来公布自己的研究结果（1948）。克莱顿直言不讳地表达他的观点：

[①] Marius R. Campbell, "The Value of Coal-Mine Sampling," *Economic Geology*, vol. 2, no. 1, (1907): 48–57.

第 2 章
美国的煤炭资源

去年十月丹佛（美国地质勘探局）会议宣称，任何人都不得质疑政府的数字，除非他们能提交地图和记录来证明他们的观点。个人证实关于煤炭储量的观点是有很大压力的。但是，这在东方是可行的，因为众所周知东方的政府数据与基于勘探和实际开发的私人记录之间有很大差距。正是这些巨大的差异引发了恐惧，导致人们越发坚信美国地质勘探局的这些令人难以置信的数字是错误的，具有误导的危险性，应该立刻予以纠正。①

克莱顿提出美国地质勘探局的储备值已经被诸多实例证明是高度膨胀，他提供了自己对国家的煤炭储量的估计——2230 亿吨，比目前官方估计数略小。

克莱顿的文章引起美国地质勘探局的惊愕和尴尬，所起的作用不容忽略。这篇文章在帕尔默·帕特（Palmer Putnam）的权威著作《未来的能源》(1953) 一书中被多次引用，该书还对美国石油和天然气供应给出悲观评价。② 的确，帕特明显犯了保守主义错误，他预测美国的石油产量将在 1955～1960 年间达到峰值（实际上 1970 年达到峰值），并认为煤炭产量到 1990 年将开始下降——然而，正如我们所看到的，每年的实际生产量还是在持续增长。

美国地质勘探局和矿业局（后来被美国能源部合并）逐渐减小许多州和整个国家的煤炭储量数值。然而，整个 20 世纪 50 年代，国家储量仍然被估为远超过 5000 亿吨——按照储采比计算仍

---

① Andrew B. Crichton, "How Much Coal Do We Really Have? The Need for an Up-to-date Survey," *Coal Technology*, August 1948.
② Palmer Putnam, *Energy in the Future* (New York: Van Nostrand, 1953).

超过1000年。

20世纪60年代，考虑到现有储量值并未减除因不确定因素影响的煤炭可采量，美国地质勘探局委任地质学家保罗·埃弗里特（Paul Averitt）进行调查，1975年出版了《美国的煤炭资源》一书[①]。到目前为止，可采储量的官方估计数已削减到了2600亿~2750亿吨的范围。看起来没有理由值得恐慌，因为储采比预测煤炭储量可以轻松地维持200多年；同时，也有人认为，新技术（如壁开采和地下气化）最终能把大量的资源转换为储量。

1995年，美国地质勘探局开始进行全国范围的煤炭资源评估（National Coal Resource Assessment，NCRA），想通过多年的努力来得出基于区域间的一个评测值。这项评估仍在进行中，目前只有很少的一些关键结果被公开[②]。

根据美国能源信息管理局（Energy Information Administration，EIA）的官方网站，2007年1月1日美国估算的可采储量为2670亿吨。[③] 由于2006年的产量是116.275万吨，可得出储采比约为230∶1。

美国能源信息管理局将2005年的数据绘制成图，直观地显示不同种类煤炭资源的储量情况，见图2-3。

[①] Paul Averitt, *Coal Resources of the United States* (US Geological Survey Bulletin 1412, 1975), 131.

[②] *US Geological Survey*, National Coal Resource Assessment (NCRA), energy. cr. usgs. gov/coal/coal_ assessments/summary. html.

[③] Energy Information Administration, *Recoverable Coal Reserves at Producing Mines, Estimated Recoverable Reserves, and Demonstrated Reserve Base by Mining Method* (EIA, Report DOE/EIA 0584 (2007), Report Released: September 2008), eia. doe. gov/cneaf/coal/page/acr/table15. html.

第 2 章 美国的煤炭资源

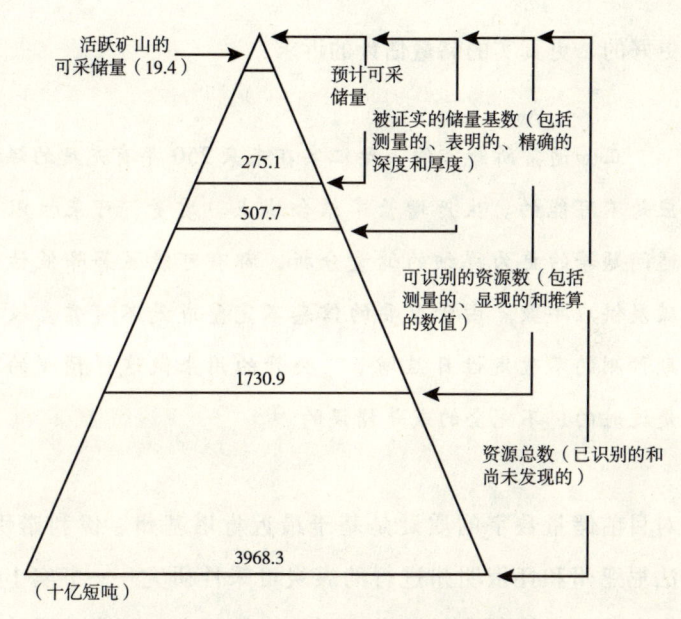

```
活跃矿山的
可采储量（19.4）→ △  ← 预计可采
                      储量
              275.1   ← 被证实的储量基数（包括
                        测量的、表明的、精确的
              507.7     深度和厚度）
                      ← 可识别的资源数（包括
                        测量的、显现的和推算
             1730.9     的数值）
                      ← 资源总数（已识别的和
             3968.3     尚未发现的）
（十亿短吨）
```

图 2-3　不同种类煤炭资源的储量情况

我们会看到，向下校正国家煤炭储量数字的漫长过程没有尽头。

近期相关研究

《煤炭：支持国家能源政策的研究与发展》

——美国国家科学院（National Academy of Sciences, NAS），2007 年 7 月

这本书提到"我们拥有足够的可采煤炭资源，可以满足直到 2030 年的需求，这是毫无疑问的"，并且"以目前的产量水平，可能有足够的煤炭满足美国超过 100 年的需求"。尽管后者的判断似乎没有建立在峰值分析基础上，然而，总的来说，该报告表达了

进行更好的、更真实的储量估计的诉求：

> 正如通常所断言的，要证实在未来250年有充足的煤炭供应是不可能的。生产增长率结合地点、质量、可采性以及交通问题等的更为详细的储量分析，都有可能显著降低估计的煤炭供应年数。由于重要的信息不完整或是不可靠，较长时期预测的不确定性日益增长。公开的用来做这样预测的数据是过时的、不完全的或是错误的。[①]

对目前储量数字的质疑是基于最近肯塔基州、伊利诺伊州、宾夕法尼亚州和怀俄明州进行的煤炭可采性研究——事实上，确认抽查方式得出的所选区域煤炭可采值是否真正可靠，可结合采矿经验来进行判断。

> 通过对22个煤田的总共65个区域的分析，研究表明：在这些煤田中通过鉴定的资源的8%~89%是可开采的，5%~25%通过鉴定的资源可归为储量。因为它们是以特定地点的标准为基础，故与估计的可采储量相比，这些研究的估计数据有了相当大改进。[②]

---

① Committee on Coal Research, Technology, and Resource Assessments to Inform Energy Policy, *Coal: Research and Development to Support National Energy Policy* (Washington, DC: The National Academies Press, 2007), 44, books. nap. edu/catalog. php? record_ id = 11977.

② Committee on Coal Research, Technology, and Resource Assessments to Inform Energy Policy, *Coal: Research and Development to Support National Energy Policy* (Washington, DC: The National Academies Press, 2007), 44, books. nap. edu/catalog. php? record_ id = 11977. , 49.

一项对东肯塔基（eastern Kentucky）玛特万四方煤矿（Matewan quadrangle）的调查认为，"毋庸置疑，传统的煤炭生产区域可能很快会遭遇到比以前所能想象到的更大、更快的资源枯竭问题"。美国国家科学院的报告列举了未来几十年美国煤炭行业将面临的问题：

几乎可以肯定，由于受目前开采行为的影响，优质煤炭被优先开采，剩下的未来开采的煤炭都是低品质的（例如含有较高灰分、高含硫量和/或潜在的浓度更大的有害元素）。未来依靠质量更差的煤炭的后果包括：（1）更高的开采成本（例如，需要增加吨数以产生相等的能量，采矿设备的更大磨损）；（2）运输方面的挑战（例如，需要运输更多吨的煤炭以产生相等的能量）；（3）矿物增效处理的挑战（例如，需要把灰分降低到可接受的水平，产生了更多的废物）；（4）污染控制方面的挑战（例如，捕捉到更高浓度的微粒、硫和微量元素，处理增加的废物）；（5）环境和健康方面的挑战。[1]

《煤炭：资源及其未来产量》
——能源观察小组，2007年3月

该报告用了10页的篇幅对美国的煤炭供应进行分析。[2] 能源观察小组的作者称：

---

[1] Timothy J. Rohrbacher, Dale D. Teeters, Gerald L. Sullivan, and Lee M. Osmonson, *Coal Reserves of the Matewan Quadrangle, Kentucky-A Coal Recoverability Study* (USGS, US Bureau of Mines Circular 9355), pubs.usgs.gov/usbmic/ic-9355/.

[2] Werner Zittel and Jörg Schindler, "Coal: Resources and Future Production," *EWG-Series No. 1/2007*, Energy Watch Group, (2007): 30 - 39, energywatchgroup.org/fileadmin/global/pdf/EWG_Report_Coal_10-07-2007ms.pdf.

直到 2000 年，所有类型的煤炭（覆盖面和次表面采矿生产的）的生产率（每位工人每小时生产的煤炭）稳定增长。但自那以后生产率约下降了 10%。……生产率的下降只能解释为生产力的投入增多。也可能是由于深层挖掘和/或更高的废物产生水平导致的。这些是否预示着"容易开采的煤炭"时代已经结束了呢？

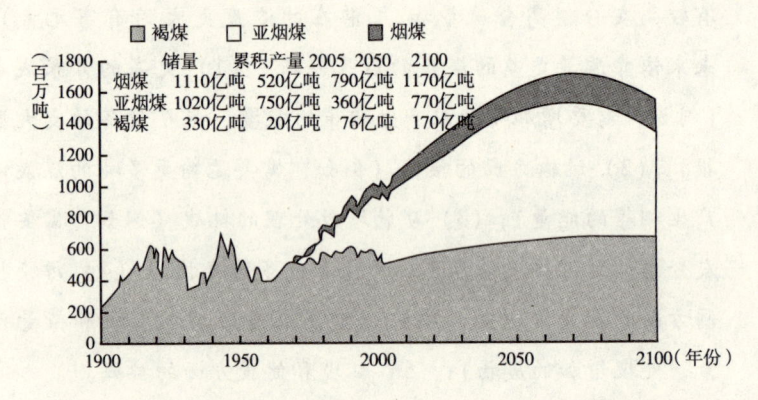

	储量	累积产量	2005	2050	2100
烟煤	1110亿吨	520亿吨	790亿吨		1170亿吨
亚烟煤	1020亿吨	750亿吨	360亿吨		770亿吨
褐煤	330亿吨	20亿吨	76亿吨		170亿吨

图 2-4　美国煤炭的可能储量（如果 1998 年储量值属实的话）

资料来源：EIA 2006。

能源观察小组的报告为美国煤炭资源提出了几个峰值估测。最乐观的结果显示 2070 年将会出现峰值。

然而，作者警告说，"即使在 2070～2080 年峰值到达之前煤炭生产量可提高约 60%，但因为次烟煤和褐煤的比例增加，所产生的相应能量将只增加约 45%～50%。"和美国国家科学院观点一样，能源观察小组的作者也认为官方估计的可采储量数字太大。他们为未来的产量提供了两个可选情景：一种情况是只有当下使用的煤矿的可采储量被认为是可开采的（在这种情况下，美国峰值将于 2015 年到达），另一种情况是报告中估测的可采储量都是可开采的，但要考虑局部的开采动态（峰值将出现在 2040 年）。他们认为，"真正的峰值将出现在这两个时间点之间"。

第三种预测是基于路德维希—伯尔科系统工程有限公司（Ludwig – Bölkow – Systemtechnik，LBST）——德国可再生资源咨询公司的分析，LBST 分析是以美国地质勘探局 2000 年使用 1995 年的数据作出的产量预测为基础的。美国地质勘探局的预测值随后被实际产量所校正，未来产量是根据过去产量趋势及可能的产量增长率来定的（蒙大拿州和伊利诺伊州预计只提供边际增加数量）。第四种情景是 2025 年左右到达峰值，这是能源观察小组的作者们认为最合理的。

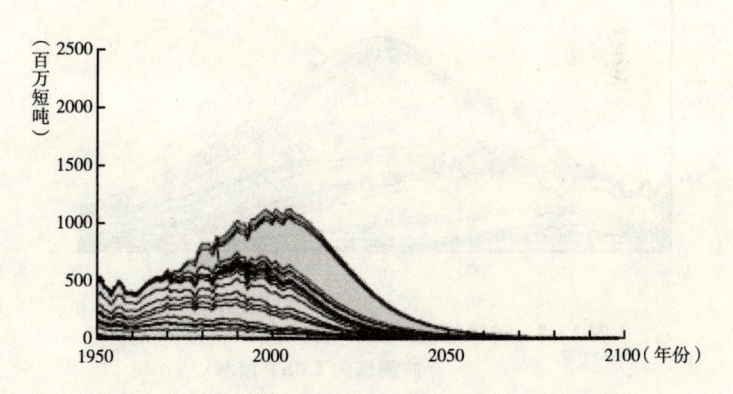

图 2-5 美国煤炭产量——当下使用煤矿的可采储量

资料来源：EIA 2006 和 USGS 2006。

作者最后总结：

基于区域分析，美国的烟煤产量很有可能已经达到峰值，

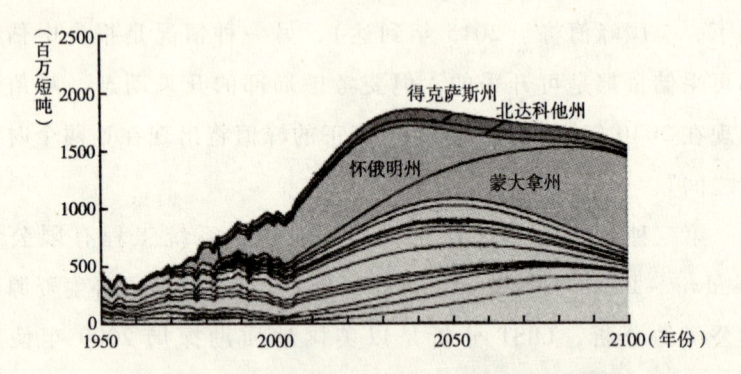

图 2-6 美国煤炭产量——估测的可采储量

资料来源：EIA 2006 和 USGS 2006；储量：EIA 2006；预测：LBST 2006。

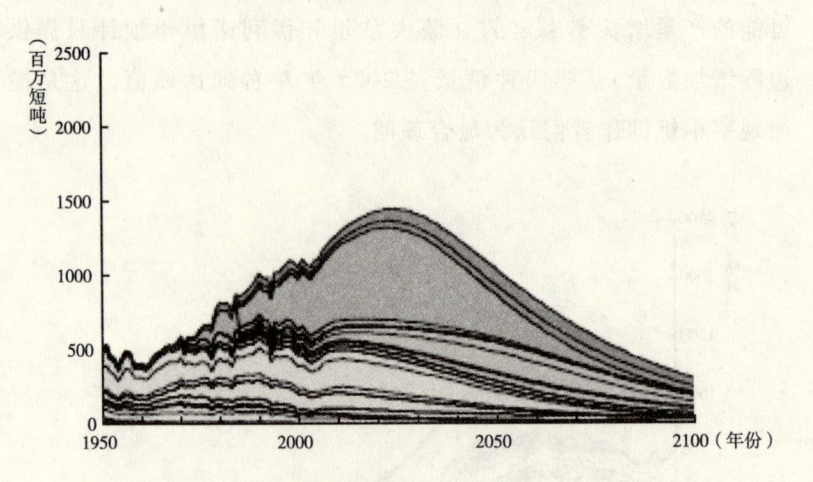

图 2-7 美国煤炭产量——基于 USGS 2006 年估测值的 LBST 预测

资料来源：EIA 2006 和 USGS 2006；储量：EIA 2006；预测：LBST 2006。

煤炭生产总量（体积）将在 2020 年和 2030 年之间达到顶峰。如果用能量值来度量峰值点的情况，可能只有今日水平的 20%。……（目前官方估测的可采储量）2500 亿吨不能作为能源规划的基础值。

能源观察小组提供的不同情景表明如果蒙大拿州和伊利诺伊州可以解决产量瓶颈，或者国家对能源供应不抱希望，转而关注环境问题，这两种情况都会导致峰值向后推迟，使衰退时间变得更长，且有可能使得空气污染更严重。

该报告未对阿拉斯加州（Alaska）未来煤炭产量进行讨论。

《煤炭的未来》
——卡瓦罗和皮提维斯，能源研究所，2007年

因为这份报告集中研究欧洲能源政策，故其对美国煤炭供应的讨论相对简短。作者指出，"（美国）煤矿生产率在稳步下降"，并说"他们进一步开采需要较高的成本"。既然美国煤炭工业主要得益于每位矿工的高生产率，"这样的发展将使美国成为一个高成本的生产商，在国际市场上不再具有竞争力"[1]。

作者还指出：

到目前为止，美国唯一未开发且具有较大潜力的煤炭区位于阿拉斯加州。然而，这些储量可能要到2015年后才进行投产。由于美国煤炭投资回报率普遍较低，投产可能会继续推迟，这也影响了现有煤矿的升级。

作者也预见了日益突出的美国煤炭运输问题："正如中国和俄罗斯，内陆大多数的煤炭要通过铁路运输，这进一步提高了成本。

---

[1] B. Kavalov and S. D. Peteves, *The Future of Coal* (Luxembourg: European Commission, Directorate-General Joint Research Centre, Institute for Energy, 2007), 33 – 34, ie.jrc.ec.europa.eu/publications/scientific _ publications/ 2007.php.

铁路网容量甚至常常满足不了当下的物流需求"。

他们的结论表明:"总的来说,上述因素有利于廉价进口,由于低运费,特别适合从附近的哥伦比亚和委内瑞拉进口"。

《褐煤和无烟煤:2100年全球能源供应展望》

——托马斯·蒂勒曼、桑德罗·施密特和彼得·杰林,
德国联邦地学与自然资源研究所,2007年

本文预测了煤炭供应不存在瓶颈,并且在煤制油方面具有较大潜力。文章对各个生产国论述较少而且未对峰值进行分析。就美国而言,结论很明确:本世纪不存在煤炭供应问题。[1]

《基于供应驱动的未来全球煤炭产量预测》

——胡克、齐特尔、辛德勒、阿拉卡累卡,乌普萨拉油气损耗研究小组

本报告使用的数据和观点与能源观察小组之前出版的大致雷同。对于美国煤炭资源的研究结论也同样如此:

> 美国的能源消费巨大,极有可能成为首个到达煤炭产量峰值的国家。除怀俄明州外,美国煤炭生产的几大州几乎都接近甚至超过过去的产煤高峰。我们也应该注意到,环境法和其他

---

[1] Thomas Thielemann, Sandro Schmidt, and J. Peter Gerling, "Lignite and Hard Coal: Energy Suppliers for World Needs until the Year 2100—An Outlook," *The International Journal of Coal Geology* 72 (Issue 1, September 2007), sciencedirect.com/science?_ob=ArticleURL&_udi=B6V8C-4NJWNJP-2&_user=6682544&_rdoc=1&_fmt=&_orig=search&_sort=d&view=c&_acct=C000050221&_version=1&_urlVersion=0&_userid=6682544&md5=e433f606890f77057a515cdf0330af4b.

社会经济方面的限制，在不久的将来可能会阻止煤炭（特别是含硫量高的煤炭）的大量生产。放宽限制或许可以增加储备，但限制是否会放宽是难于判断的，也无法预测。……热值的下降说明美国的优质煤逐渐用尽了，每年开采出来的都是越来越次的煤炭。采矿生产率在下降，这与易采煤的耗尽是相关联的。[1]

《基于供应驱动的未来全球煤炭产量预测》的作者绘制了两张峰值图，一张是高的情况，如图2-8，另一张是低的情况，如图2-9。高的情况显示怀俄明州持续快速扩张，同时蒙大拿州的产量上扬。低的情况"蒙大拿州煤炭产量的急剧增长没有想象的快，仍然持续在目前水平"。高的情况下，产量峰值于2040年左右到达；低的情况下，产量将于2030年左右开始呈下降趋势。作者认为后一种情况发生的可能性更大。

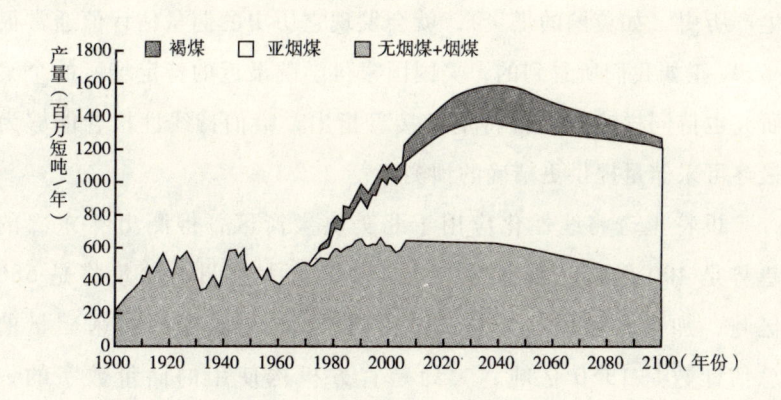

图2-8 美国煤炭产量预测（高）

---

[1] Mikael Höök, Werner Zittel, Jörg Schindler, and Kjell Aleklett, "A Supply-Driven Forecast for the Future Global Coal Production," contribution to ASPO (2008): 22, tsl. uu. se/UHDSG/Publications/Coalarticle. pdf.

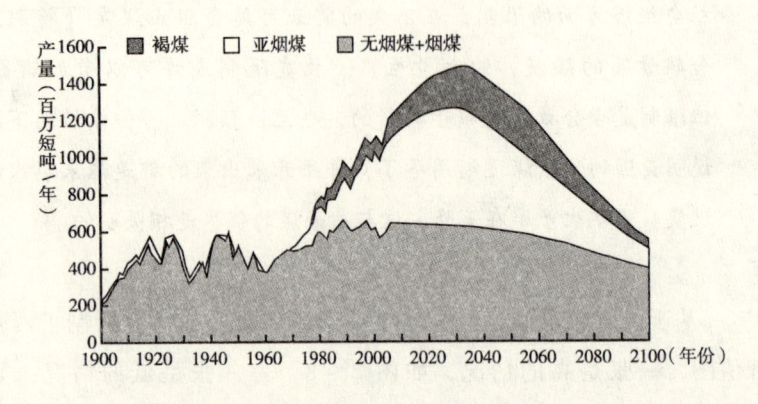

图 2-9　美国煤炭产量预测（低）

哈伯特线性回归和曲线拟合

大卫·拉特里奇认为，在任何地区，只要我们了解其全部的生产历史（如英国的煤炭），就会发现它历史的储量估计值通常很高。[1] 正如我们所看到的，美国国家科学院最近的特定场所的个案研究也持同样观点。拉特里奇接着指出，哈伯特线性拟合能够为最终可采储量提供更精确的预测。

拉特里奇将线性化应用于北美煤炭产区，推测出"东部的趋势是 400 亿吨，西部是 250 亿吨，蒙大拿州的储量将是 680 亿吨，加拿大和墨西哥是 250 亿吨"。结果是最终可采储量的总估计数是 1350 亿吨，大约是官方机构使用的储量数字的一半。

经验丰富的石油地质学家让·拉何瑞针对美国煤炭绘制了两

---

[1] David B. Rutledge, "Hubbert's Peak, the Coal Question, and Climate Change," California Institute of Technology, presentation (2007), rutledge.caltech.edu.

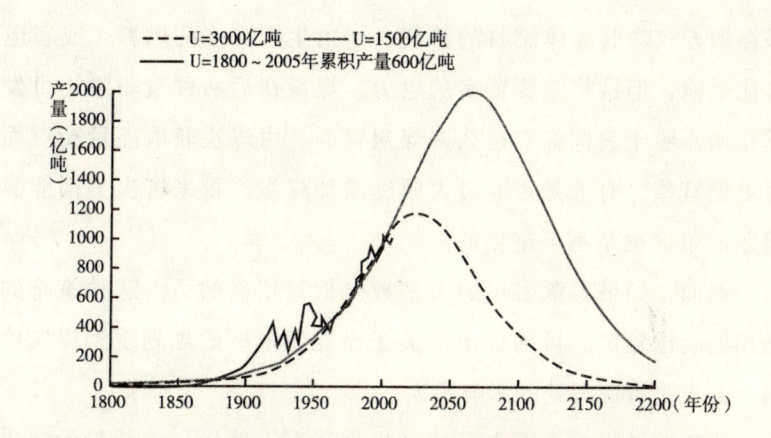

图 2 – 10　美国 U = 3000 亿吨和 1500 亿吨的煤炭产量模型

资料来源：Jean Laherrère，2006。

条哈伯特曲线，[①] 一条推测最终产量是 1500 亿吨（这与刚才提到的拉特里奇的结论大体一致），而另一条推测结果是 3000 亿吨（这比目前官方的估计可采储量略高些）。第一种情况的峰值发生在 2025 年，第二种情况的峰值发生在 2060 年。

启　示

石油和天然气价格变得异常不稳定，美国重新回到煤炭依赖型的境况也在所难免。2008 年，美国支付了约 6000 亿美元用于进口石油，国外财富的持续转移不仅没有能缓解局面，反而对国内经济产生了大量的负面影响。有三种方式能降低这种影响：通过

---

① Jean Laherrère, "Combustibles Fossiles: Quel Avenir pour Quel Monde?" *Association pour l'étude des pics de production de pétrole et de gaz natural*, aspofrance.viabloga.com/files/JL-Versailles-long.pdf.

保存的方式降低液体燃料的消耗；国内生产更多的燃料；或者电气化运输，但这将需要更多的电力。煤炭在后两种策略中均可发挥作用。鉴于美国拥有这么多煤炭资源，由煤炭获取能量相对而言更便宜些。有关是否通过大幅度增加煤炭产量来解决美国能源问题的争议也是不可避免的。

然而，如果本章引用的大多数分析是正确的话，这种策略的适用期会比较短。目前提出的关于燃煤发电厂的规划受到煤炭价格，甚至是资源短缺的影响很大。

用于弥补现在及将来石油（也许还有天然气）消耗量的缺失部分，以及用于满足预计增加的电力需求所需要的煤炭的绝对数量是非常惊人的。煤炭是一种低质量的化石燃料，而美国被迫使用更低质量的煤炭。为了弥补煤炭热量值的下降，同时满足由美国能源信息管理局预测的2030年电力需求，美国不得不多开采近80%的煤炭。碳封存和新的燃煤技术一旦被实施，生产相同数量的社会用能源需要更多的煤炭用量，因为自捕获和封存的能量损失高达40%。大规模的煤制油也会大大增加煤炭的需求。如果目前煤炭出口趋势继续上升的话，这将进一步刺激煤炭的需求。总之，到2030年美国的煤炭需求和生产翻番甚至增至3倍很有可能变成现实——这将加速当前许多矿区的资源枯竭，并且不可避免地使产量高峰提前到来。

假设出现更高的需求情况（从煤制油、增加出口或者不断增长的电力消费），到2030年美国对煤炭的依赖还将远远大于目前的情况，煤炭对美国总能源供应的贡献比例将有大幅增长。但与此同时，因为出现运输瓶颈且运输成本较高（因为柴油价格剧增），以及当前许多生产地区产量呈下降趋势并且缺少适合开采的新煤田，煤炭价格可能会急剧上涨。很难预测上升的高煤炭价格与产量最大化之间的直接影响关系。

随着美国国内煤炭生产限制的出台,煤炭出口量将会减少,进口量反而将增多,很有可能从南美洲进口。但是如果这种情况发生的话,美国作为石油进口国家所产生的经济依存关系以及地缘政治的脆弱性将会影响其经济发展。

人们常将煤炭看做未来几十年的一种过渡性能源的来源,与此同时,会出现一个长期的能源战略。但问题是:在接下来的三四十年是否有足够的资本和技术资源来帮助能源资源的转换。将来的结果会怎样?到那时(假设美国能源信息管理局的推测足够精确),对能源的需求会更高。石油、天然气和煤炭价格会更高——甚至高很多,因此国家在能源上的花费占国内生产总值的比例会比现在多得多。同时,建设任何类型的新基础设施的能源成本会更高。因此,大量的新能源项目所需的投资很可能不足。如果转换推迟了,将来比现在更加昂贵,困难更大。的确,最终的(可持续的)能源制度的转换时间推迟得越久,转换就越困难。

目前煤炭看似是美国许多日益凸显的能源问题的解决办法。然而,如果大规模实施该办法的话,无疑将加剧美国长期的能源困境,也会加速全球气候灾难的降临。

表 2–1 美国煤炭资源储量情况

类 别	数量(短吨)
活跃矿山的可采储量	190 亿
预计可采储量	2700 亿
被证实的储备基数	4900 亿
可识别资源数(埃弗里特,1975 年)	17000 亿
资源总数(上述未被开采的资源总和)	40000 亿

第3章
中国的煤炭资源

综　述

中国是全球主要的煤炭生产国和消费国，这两方面都超过美国，其产值占世界总产量的40%。另外，中国的煤炭消耗量也迅速增加，每年增速度达10%（即每七年需求量翻番）。尽管中国是石油和天然气生产大国，但是煤炭在国家的化石燃料储量中仍占主导地位。中国总能量的70%是从煤炭中获得的，电能有80%来源于煤炭。由于快速发展以及对煤炭能源的依赖，中国已经成为世界上主要的温室气体排放国。

中国的煤炭业历史可能是全世界最长的，可以追溯到两千年前——欧洲是19世纪后期才开始引进现代采煤方法，日本企业随后也开始引进。中国1903年的煤炭产量为100万吨，之后以超过

10%的年均增长率增长。20世纪20年代由于受内战的影响,煤炭产量增速减慢,但是到了20世纪30年代中期增速开始反弹。1949年中华人民共和国成立后,煤炭产量再一次下跌,但到1960年年产量快速增长到4亿多吨,仅在"文化大革命"期间才再一次下跌。从20世纪70年代开始,中国煤炭产量快速增长,1989年年产量达到10亿吨。1996年开始,中国通过关闭小型煤矿和低效煤矿来解决煤炭安全和低生产率问题。这些措施使得产量短期下降,一直持续至2000年;此后,产量以惊人的速度增至目前的年产量25亿吨(相当于27亿美制短吨)。

中国2000年的煤炭消耗量是其半个世纪前,也就是新中国成立时期的30倍。且从2000年至今,消耗量又增加了1倍多。

中国目前大概有25000个煤矿,340万在册煤矿工人。这些煤矿大多数都是小型的、私有的、地方的,甚至是非法的,它们能够快速地对市场作出反应;但较之大型的、集团的煤矿,它们缺乏效率,同时也易造成环境和安全问题。

中国煤矿的生产率是低下的:1999年全国煤矿矿工的人均产煤量是289吨,相比而言,美国每位矿工每年的产煤量接近12000吨。低生产率的原因是煤矿工业机械化水平较低。然而,在过去的十年中,中国机械化发展进程令人瞩目。

某些区域薄薄的表土能够露天采矿,但是中国煤炭资源中仅有4%~7%适合露天开采,而且其中大部分是褐煤。如今,中国的煤矿平均深度为400米,这个数字增长缓慢,95%的煤矿是竖井煤矿[①](相比之下,美国是48%)。无法预测的地下煤火,有些甚至燃烧了

---

① Jerry C. Tien, "China's Two Major Modern Coal Projects," *Engineering and Mining Journal* (May 1, 1998).

几十年，给中国的环境问题造成巨大的影响。这些煤火每年估计需要消耗 2 亿吨煤炭——相当于全国煤炭产量的 10%。这种极热的火有些是自然起火，但是大部分是由切割与焊接、电气作业、爆炸物或者吸烟的火花引起的。新疆北部地区一些小的非法煤矿的火灾是由于矿工在遗弃的煤矿避难时在竖井里面烧煤取暖导致的。中国的地下煤火给全球变暖带来了巨大的、隐性的影响，每年释放 3.6 亿吨二氧化碳——相当于全美所有汽车和轻型卡车排放量的总和。

中国飞速发展带来煤炭消耗量剧增，表现在近年来，平均每星期都有一座煤炭发电厂建成。结果每年新增产的容量相当于英国整个电力公司生产的容量。这些多矿地区在环境质量和人类健康方面付出的惨重代价也是惊人的——对居民和游客的影响是一样的：煤炭发电厂排放出大量致命的烟灰、二氧化硫、其他有毒污染物以及数以百万吨的二氧化碳。因此，中国南部如四川、广西、湖南、江西和广东的酸雨问题越来越严重；中国许多城市被持续不断的烟雾所笼罩，就像 1900 年的伦敦和匹兹堡；有 26% 的人死于呼吸道疾病。

中国的煤炭不仅用于发电，而且用于铁、钢材、建筑材料（水泥原材料）以及肥料原料的生产。需求增长的动力来自于重工业的增长、基础设施的发展、城市化进程（粗略估计，到 2020 年中国将有 3 亿城镇新增人口）以及国内生产总值的增长。

所有这些趋势与中国近代历史相关。1949 年中国革命末期，受战争影响的中国人民（绝大多数是农民）处于贫困之中。毛泽东主席宣告新中国的成立使人口众多、资源丰富的中国从此走向繁荣富强。接下来的一段时间，经济得以增长，公共设施得以发展，这种情形一直持续到 20 世纪 60 年代中期。在这个时期，毛泽东有了第二个想法：考虑到进一步的工业化将产生或者加剧阶级分划，他发动了"文化大革命"，从 1966 年一直持续到 20 世纪 70

年代中期。在这期间，工业和农业产量下跌。随着毛泽东健康的每况愈下，继而出现残酷的权力斗争，随后形成邓小平的改革开放政策。经济增长变得前所未有的重要，大规模的民营经济和市场经济成为潮流，共产党提出："致富光荣"。

20 世纪 50~70 年代，人民为了国家的利益努力工作，作出牺牲并忍受贫困。现在那些人中的一小部分——大部分在沿海城市——享受着中产阶级的生活，其中一些非常富有。这种财富不均的现象还将持续下去，只要中产阶级的规模还在不断扩大，他们就能给数以百万计的、迁往城镇的农民工提供就业机会。

实际上，经济的快速扩张和日益繁荣将人民的注意力从民主政治建设和地区的竞争中转移出来。但是，中国政府不能充分有效引导已经引发的创业大潮以及以利润为导向的经济活动。中国政府及其法律体系是相对薄弱的；同时无法控制经济的动态性，一方面依赖出口，而另一方面又内需不足。

简而言之，中国鼓励快速的、以出口为导向的经济增长，从而推迟解决国内政治和社会问题。经济的增长需要能源，中国的能源几乎全部来自于煤炭。国家短期的生存策略都是以生产大量的煤炭为主题，现在和未来都是如此。

然而，有迹象表明中国的国内煤炭产量不能再随着需求的增加而增长了。

正如在美国，煤炭运输瓶颈增加了煤炭的生产成本且抑制其增长。通过铁路运输煤炭的方式比通过公路和水运增长得更快。但中国的煤炭产量只有一半是运自有铁路相连的煤矿。铁路运输能力的缺乏导致了运输煤炭的卡车对柴油需求量的增加，这样使得油价变得更高（短缺的频次也在增加），这又反过来导致了更多的煤炭运输问题。

煤炭运输所需柴油燃料的缺乏有可能通过把煤炭转变成液体燃料来解决（细节问题将在第 7 章中讨论）。中国最大的煤炭公司神华集团最近投产了中国第一个煤制油工厂，并宣称到 2020 年集团将建成 7 个煤制油厂。其他的煤制油工厂也已经开始规划——包括神华集团和壳牌及萨索尔合作建设的中国北方的几个工厂，预计 2012 年投产；还有一个是由中国第二大煤炭生产公司兖矿集团筹划，在鄂尔多斯附近建厂。然而，这些煤制油工厂建设计划大多数由于工程的投入过高而被取消了。

如果这些规划的煤制油工厂有一部分建成的话，中国将成为煤制合成液态燃料领域的领先国家。但是即使所有这些工厂都投入生产，也只能弥补中国原油进口的一小部分（目前的目标是到 2020 年每天产出 28.6 万桶，但是中国现在每天进口的石油量超过 300 万桶，而且这个数值还在大幅增加）。无论如何，煤制油在满足新的煤炭需求的同时也将导致严重的环境问题。根据中国煤炭研究机构的数据，每桶煤制合成油将消耗至少 360 加仑的淡水。360 加仑约为 8.5 桶；这样按照煤制油和水的比例，每天 28.6 万桶煤制合成油将需要淡水约 250 万桶，也就是每天 1 亿加仑。而中国的大部分地区现在正在闹水荒。

具有讽刺意义的是，中国宏伟的煤制油试验是为了解决由于柴油短缺而导致的煤炭供应问题，中国必须生产出更多的煤炭。

除了运输瓶颈之外，供应问题还源于对不安全的、污染的以及浪费能源的煤矿的持续取缔。

中国首先开采最好的煤炭。国家已经开采了含有高水分、高灰分的褐煤，同时也排放了更多的二氧化碳。中国政府正在学习澳大利亚兴起的一项新技术 IDGCC（Intergrated Drying Gasification Combined Cycle，集成干燥气化联合循环技术），该技术可使煤炭燃烧更充分，并减少温室气体的排放；但是如果褐煤持续占有煤炭总量份额的话，就会加剧运输的问题，因为提供等量的能量需要开采和运输更多的原料。

生产和运输足量煤炭的困难导致了进口量的增加。早在20世纪初期，中国是一个全球煤炭输出国，那时几乎所有的出口煤炭都运往了日本。2001年，中国的煤炭出口量达到9000万吨。但是中国煤炭进口量在2005～2007年翻了一番，这使得中国成了资源的净进口国。中国煤炭进口增加的趋势看似有增无减，这也导致了国际煤价的提升，影响了像印度和日本这样的煤炭进口国的经济发展。

中国的电能产出效率在提高，但是2020年以前，即使是出现大量高效率的工厂也只是起到减缓煤炭消耗量增长速度的作用。同时，这些电厂的建成需要投入大量的前期成本，这将导致整个国家电价的上涨。

总而言之，持续增加的煤炭消耗量对中国经济的发展具有重要意义；然而，有迹象表明中国生产的能源已经难于维持快速发展的步伐。未来可获得的煤炭数量对于国家经济的发展方向起着决定性作用，并且也很可能影响到国内社会及政治的稳定。

资源特性与储量估算历史

中国的煤炭资源主要集中在国家的北半部，内蒙古、陕西和山西三个省区占了总储量的一半。这些储层包含了煤炭的所有类型：从褐煤到无烟煤，还有大量的烟煤（根据英国石油公司年度统计评论中引用的1992年世界能源理事会的储量预测数据，中国煤炭储量的 13.5% 是由褐煤组成，24% 是非焦化烟煤，28% 是焦化烟煤，18.5% 是无烟煤）。大多数煤炭含硫量很低，但是局部地区的煤层质量更加多样化。

虽然可采储量是有争议的，但是显而易见中国的煤炭资源是巨大的，官方数据是有 1 万亿吨的储量。位置、缝隙的厚度、质量和深度都决定了将来能开采多少资源。中国 150 米深度以内的煤炭储量相对较少，大部分的资源储量都位于 300~600 米的深度。

对中国煤炭储量的早期估计是不精确的，因为 20 世纪发生的国家政治动荡妨碍了详尽测量工作的进行。20 世纪 30 年代，预测储量 2000 亿吨，就当时的产出水平而言，足以使用 5000 年。[1]

1987 年，英国石油公司在"世界能源统计报告"中列出中国的储量是 1564 亿吨。1990 年，英国石油公司在报告中说中国的煤炭储量有 1528 亿吨。到 1992 年，这个数字降至 1145 亿吨。奇怪的是，在随后的 16 年里中国已经开采了超过 200 亿吨的煤炭，而官方的数据却并没有发生变化。

就这件反常的事情有很多不同的观点。世界能源委员会委婉地指出这"表明中国煤炭储量的官方评估在一定程度上具有连续性"。然而，能源观察小组称这个推理很"奇怪"，因为中国的煤炭储量自 1987 年以来已经下降了两次，显然至少部分是由于产出数量减少带来的。

2002 年，中国的国土资源部公布国家已探明的可采煤炭储量为 1866 亿吨，这个储量值遭到质疑，最终未被世界能源委员会、国际能源署和英国石油公司的"统计报告"所采用。

---

[1] Tim Wright, "Growth of the Modern Chinese Coal Industry: An Analysis of Supply and Demand, 1896–1936," *Modern China* 7 (1981): 317–350, mcx.sagepub.com/cgi/reprint/7/3/317.

近期相关研究

《煤炭：资源及其未来产量》
——能源观察小组，2007年3月

如上所述，能源观察小组的作者们质疑世界能源委员会关于中国储量的数据，指出这些数据显然没有对自1992年以来的产量作出解释，也没有对煤火造成的损失量作出解释（能源观察小组并没有讨论中国政府公布的更大的储量数据）。报告中写道：

> 中国报道的煤炭储量是622亿吨烟煤、337亿吨次烟煤和186亿吨褐煤。减去自1992年以来的产出数量（最新更新的数据），得出剩余储量为440亿吨烟煤、337亿吨次烟煤和178亿吨褐煤。[1]

这表明总的剩余可采储量大约为960亿吨。能源观察小组利用这些最新的储量数据（它仍然没有对不可控制的地下煤火损失的煤炭量作出解释）取对数并根据曲线的趋势推导出将来可能的产出量。报告中称：

> 这证明过去几年的高增长率在接下来的几年中将会有所下

---

[1] Werner Zittel and Jörg Schindler, "Coal: Resources and Future Production," *EWG-Series No. 1/2007*, Energy Watch Group, (2007): 27, energywatchgroup.org/fileadmin/global/pdf/EWG_ Report_ Coal_ 10-07-2007ms. pdf.

降，并且中国的煤炭产量将在接下来的 5～15 年中达到峰值，预计是在 2015 年左右。已经产出量（累积值）约 350 亿吨，将在 2050 年前后增至 1130 亿吨（包含 110 亿吨褐煤），最终在 2100 年左右用尽，累积为 1200 亿吨（包含 190 亿吨褐煤）。过去几年产量急剧增加的情况将变成 2020 年后产量急剧地减少。

能源观察小组多次重申了他们的推论："要么是报告的煤炭储量极度不可信，其实际储量比报告的要大很多，要么就是中国的煤炭产量将很快达到峰值并开始快速减少。"

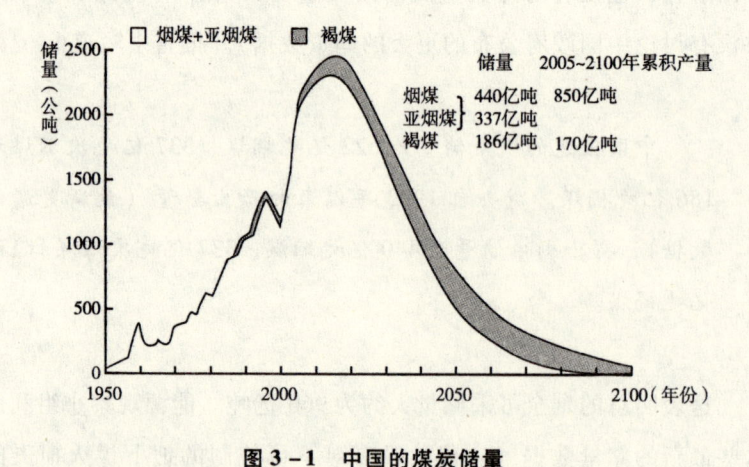

图 3-1 中国的煤炭储量

资料来源：US-EIA：1980-204；Lefohn et al. 1999。

除了近期急剧增加的煤炭产量之外，煤炭质量的下滑也是个问题："计划产出的煤炭量所产生的能量值在持续下降"。目前中国的褐煤产量非常少。这一现象很可能是因为高质量煤炭被耗尽。但是中国褐煤储量减少并不会对总的煤炭产量产生大的影响，褐煤的能量含量仅为高质量烟煤能量含量的 1/4 左右。

能源观察小组的报告中讨论了中国煤制油发展计划，报告表明这一"每年生产几亿吨"的计划将会增加煤炭的需求量,且会促使中国的煤炭生产能力"很快达到极限"。

《煤炭的未来》
——卡瓦罗和皮提维斯,能源研究所,2007 年

这份报告暗示了对中国未来煤炭供应的重大质疑。在提到绝大多数的中国煤炭储量是位于地下一定深度之后,作者认为,"开发一个新的地下煤矿平均要花费 4~5 年时间。这意味着到 2010 年,储量方面不会有大的增长。"[1] 在一系列的总结中,他们更进一步指出:

◇ 任何新煤田的集中开发都将会使设备供应商和市场处于巨大的压力之下。从战略上来看,中国一直都更喜欢使用国内的煤炭开采技术,而不是国外的技术。即使是国内和国外的采矿设备制造商联手也不一定能满足如此巨大的需求增长。就算他们设法做到了,这也肯定是在一个很高的价格下完成的,这随后会体现在煤炭的生产成本中。

◇ 中国煤炭的生产率和回收率比世界平均水平要低很多,而其他方面相同,这意味着开采相同数量的煤炭中国需要投入两倍的资金。

◇ 数十年来,中国有着全世界最差的煤矿安全记录。随着生活标准的提高,煤矿安全问题已成为中国日益凸显的重要问题。

◇ 国内的煤炭是可获得的,但质量不高。国内的煤炭里面含有相当高的硫和灰分,这些成分会降低煤炭的热量值。

---

[1] B. Kavalov and S.D. Peteves, *The Future of Coal* (Luxembourg: European Commission, Directorate-General Joint Research Centre, Institute for Energy, 2007): 31, ie.jrc.ec.europa.eu/publications/scientific_publications/2007/EUR22744EN.pdf.

洗煤是克服这个问题的一种方法，但是操作起来很困难，会增加成本并导致巨大的能量损失。

◇ 中国绝大多数的煤藏都位于国家的北部和东北部，而主要的消费中心在南部和东南部。这涉及长距离、昂贵的铁路运输，也明显地增加了最终交货成本。因此，对南部沿海区域来说，从印度尼西亚、南非或者澳大利亚进口煤炭比从北方买煤炭更加划算。

《中国煤炭供应的极限——STELLA 模型的哈伯特峰值分析》

——陶在谱和李明玉，《能源政策》，2007 年

东北大学工商管理学院的两位作者应用哈伯特分析（线性和峰值）来研究中国的煤炭产量，他们采用的是中国政府提供的 1866 亿吨可采储量数据。在这个研究中，考虑到复杂性和动态性特点，他们使用了 STELLA 软件来建模。

陶和李认为哈伯特线性拟合表明可生产的储量为 717.3 亿吨，

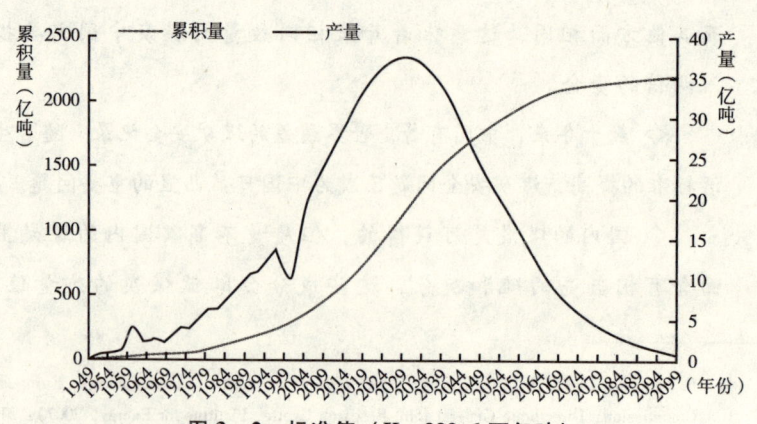

图 3-2　标准值（K = 222.6 万亿吨）

最大生产率为每年14.1亿吨,历史最高产量出现在2006年。但这是不正确的,因为实际上目前的生产率更高而且产量也在持续增加。作者在解释原因的时候提出在这个区间采用线性化来拟合可生产的储量所得到结果是不正确的。他们写道:"我们知道,官方政府的数据是1866亿吨。"因此他们把这个数据代入方程,得到的结果是"根据标准值,中国的原煤产量哈伯特峰值将出现在2029年,峰值为37.84亿吨,即37亿吨"[①]。

STELLA软件可以添加各种各样的参数(例如年储量增加量、增长率和二氧化碳排放量),结果得到不同的下降曲线。陶和李推断:

> 根据这个拟合……中国的峰值会发生在2025~2032年,产量峰值为33.39亿~44.52亿吨。在达到峰值之前,中国的原煤输出每年将增加大约3%~4%,这可能会成为中国煤炭工业发展的一个大好时机。然而,产生的一定量的温室气体也许会是煤炭产量增加的巨大障碍……为了满足增长的需求,中国将在峰值到来之前考虑新的多样化供应的能源发展政策。

《褐煤和无烟煤:2100年全球能源供应展望》
——托马斯·蒂勒曼、桑德罗·施密特和彼得·杰林,
德国联邦地学与自然资源研究所,2007年

德国联邦地学与自然资源研究所的报告总结认为,对中国以

---

① Zaipu Tao and Mingyu Li, "What Is the Limit of Chinese Coal Supplies – A STELLA Model of Hubbert Peak," *Energy Policy* 35, Issue 6 (June 2007): 3145 – 3154, www.sciencedirect.com/science?_ob=ArticleURL&_udi=B6V2W – 4MT59CW – 2&_user = 10&_rdoc = 1&_fmt = &_orig = search&_sort = d&view = c&_acct = C000050221&_version = 1&_urlVersion = 0&_userid = 10&md5 = d1a14e5e3884b3e1620c9bae7a8664c4.

及世界其他国家来说,"从这种情况的原始资料来看,煤炭供应到2100年是没有问题的"①。然而,根据能源观察小组提出的观点,得出这个判断的假设和推理是有问题的。德国联邦地学与自然资源研究所提到:"一旦产量的年增长超过1%,亚洲国家将不得不在比此假定规模更大的范围内把资源转化成储量。"但是,正如前面提到的,中国煤炭消耗的增长率实际上在近期已经接近每年10%。德国联邦地学与自然资源研究所报告没有解释怎样或者为什么这个比率会低这么多,也没有对假定的未来发生的资源转化成储量作出充分的解释。历史趋势在朝着相反的方向进行——已有的储量将慢慢降至最少——而发生反转的原因至今不明。

德国联邦地学与自然资源研究所的作者们注意到,"既然未来肯定会波及世界市场的需求,亚洲尤其是中国和印度在世界煤炭供应和世界市场价格上面临的压力将会比现在更大"。

《基于供应驱动的未来全球煤炭产量预测》
——胡克、齐特尔、辛德勒、阿拉卡累卡,乌普萨拉油气损耗研究小组

正如在其他国家中分析的那样,该报告就能源观察小组报告中中国未来煤炭产量的原因和结论进行了讨论。得出结论:

> 预计中国的煤炭产量将在2020年达到峰值,如果按照

---

① Thomas Thielemann, Sandro Schmidt, and J. Peter Gerling , "Lignite and Hard Coal: Energy Suppliers for World Needs until the Year 2100—An Outlook," *The International Journal of Coal Geology* 72, Issue 1 (September 2007): 1 - 14, sciencedirect.com/science?_ob = ArticleURL&_udi = B6V8C - 4NJWNJP - 2&_user = 6682544&_rdoc = 1&_fmt = &_orig = search&_sort = d&view = c&_acct = C000050221&_version = 1&_urlVersion = 0&_userid = 6682544&md5 = e433f606890f77057a515cdf0330af4d.

1992年的数据（最后一次实际更新并纠正了累积产量），峰值出现的时间会更早。因此，除非储量比所报告的要大或者在不久的将来有大量的资源能够转变成产量，中国极有可能接近它的最大煤炭产量。除非中国的储量发生戏剧性的变化，否则将来的产量在储量的限制下会很快用尽。[1]

这篇文章绘制了两张新图，一张基于所公布的储量（图3-3），另一张基于公布的储量减去自从1992年以来的产量值（图3-4）：

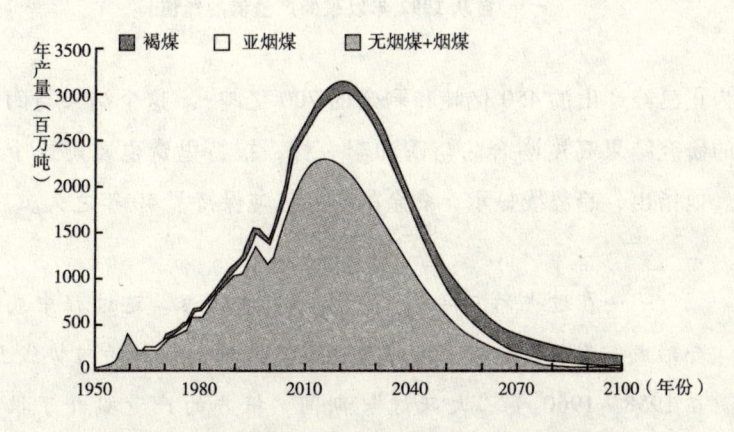

图3-3 中国煤炭产量预测（基于公布的储量值）

哈伯特线性回归和曲线拟合

通过使用哈伯特线性回归和曲线拟合方法，加州理工学院的大卫·拉特里奇发现中国最终总产量将会是1150亿吨，包含到目

---

[1] Mikael Höök, Werner Zittel, Jörg Schindler, and Kjell Aleklett, "A Supply-Driven Forecast for the Future Global Coal Production," contribution to ASPO (2008): 27, tsl. uu. se/UHDSG/Publications/Coalarticle. pdf.

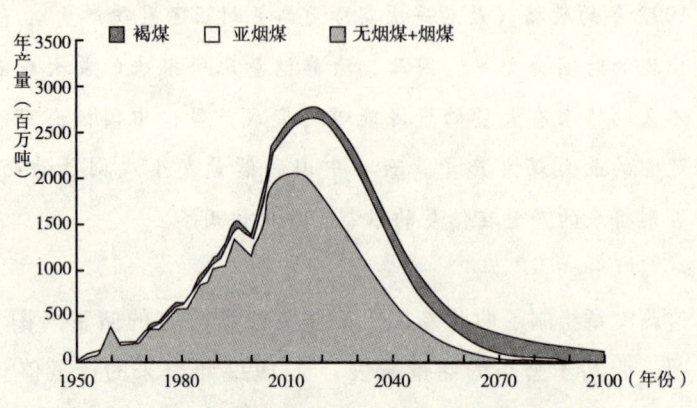

图 3-4 中国煤炭产量预测（基于公布的储量减去自从 1992 年以来的产量值的储值）

前为止已经产出的 450 亿吨和剩余的 700 亿吨[1]。这个结果与陶和李的研究结果高度吻合。与陶和李一样，拉特里奇也质疑这个结果。他指出，趋势线显示，剩余的 700 亿吨保持了 40 年之久。

……在过去的三年中，产量一直在飞涨。这过程中或许会形成一条新的趋势线。产量也有可能回到初始的趋势线上。在 1958~1960 年"大跃进"期间，报告的产量飙升了很多年，但是后来又回到了原先的水平。

经验丰富的石油地质学家绘制了一张中国未来煤炭产量的哈伯特曲线，假设极限产量为 1500 亿吨[2]，曲线显示的与美国能源

---

[1] David B. Rutledge, "Hubbert's Peak, the Coal Question, and Climate Change," California Institute of Technology, presentation (2007), rutledge.caltech.edu.

[2] Jean Laherrère, "Combustibles Fossiles: Quel Avenir pour Quel Monde?" *Association pour l'étude des pics de production de pétrole et de gaz natural*, aspofrance. viabloga.com/files/JL-Versailles-long.pdf.

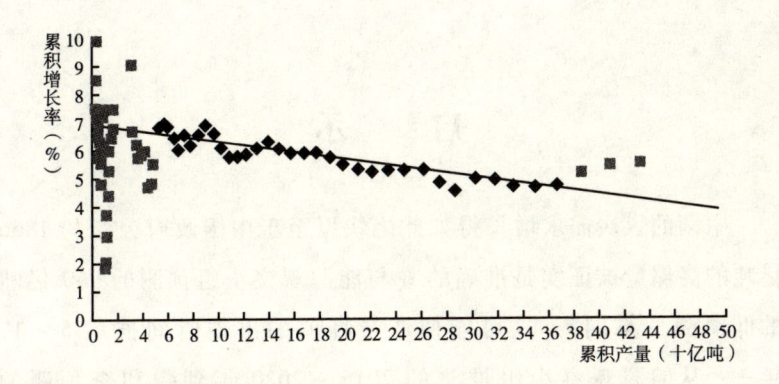

图 3-5 累积产量

部能源信息管理局以及德国联邦地学与自然资源研究所使用的数据相似。这个假定的 1100 亿吨剩余储量比能源观察小组的数据要大一点，但是比世界能源委员会的数字要小，比中国政府公布的官方数据 1866 亿吨更小。然而，在这个模型中，产量的峰值出现的时间与能源观察小组和 Höök 等人建议的时间基本相同，即为 2020 年，见图 3-6。

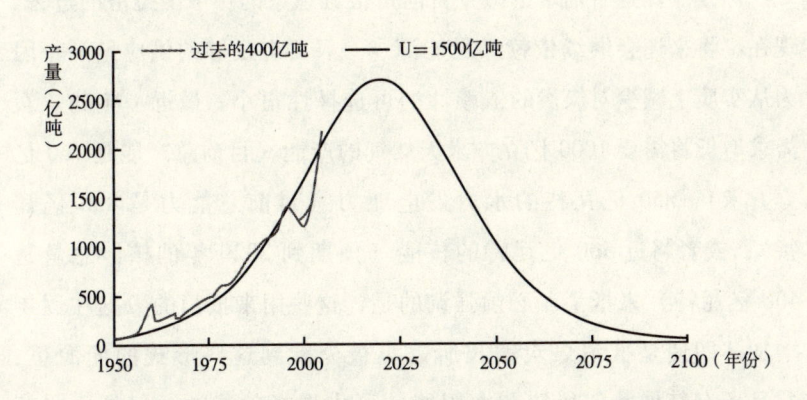

图 3-6 中国的煤炭产量（基于 1500 亿吨极限产量）

资料来源：Jean Laherrère 2007。

启　示

　　中国的煤炭需求增长得如此之快以至于中国政府公布的1866亿吨的高储量被证实是准确的（与能源观察小组预测的960亿吨的低预测量不同），这可能使产量峰值的出现时间推后5~17年——从能源观察小组推测的2015~2020年到陶和李预测的2025~2032年。这更进一步对德国联邦地学与自然资源研究所的推论"中国的煤炭供应到2100年毫无问题"产生异议，因为峰值延迟到那样的程度——超出陶和李预测范围65年之多——需要巨大规模的资源储备转换。这样的转变按先前的例子证明是不可能的，但是如果假定中国的煤炭需求在不久后将趋于平缓或者在接下来的数十年里下降（在这种情况下，生产高峰期将发生作用），德国联邦地学与自然资源研究所的推论就有可能成立。

　　但是中国这种需求的减少目前是很难想象的。中国经济的过去、现在、将来还会继续依赖煤炭能源——只要有足够的供应量——因为从实质上减少对煤炭的依赖性的可选择性很小。最近一年的煤炭需求增长将需要1000亿立方米天然气的产能（目前总产能是760亿立方米）、850亿瓦特的水力发电能力（目前总能力是830亿瓦特），或者将近500亿瓦特的核能（预期到2020年的核能总量是400亿瓦特）来抵消。必须强调的是，这些用来抵消的数据在逐年增加。即使是抵消煤炭增长所需量被分配到这些形式的能源里，并且还有其他类似风能和太阳能的可供选择的能源，但是这些额外的要求即使在物理学上可实现但在经济上也会使人却步。

　　因此，中国在未来降低二氧化碳排放的可能性是很低的，除

非能源需求和生产急剧下降。

值得注意的是，全球经济危机看似使得中国的煤炭需求量下降，但是未来几年需求下降的可能性微乎其微。

如果煤制油技术以现在的规模和速度来实施和推广的话，中国的煤炭需求将比现在增长得更快。煤制化工品工厂现在被认为对煤炭需求量影响较小，但是影响的方向是相同的。到 2025 年，煤制油和煤制化工品计划每年会增加 4.5 亿吨新的煤炭需求。在这种情况下，到 2020 年总的需求会超过 47 亿吨。

这里引用的研究（除德国联邦地学与自然资源研究所外）表明中国国内煤炭产量的增加量不会持续到 2020 年之后；事实上，在许多条件的限制下（假定能源观察小组的预测是正确的），在下一个十年中需求将戏剧性地超过国内供应量。

到 2020 年，中国煤炭进口的需求量每年将超过 2 亿吨，这个数字还将继续增加。这将显著影响局部市场，导致与其他煤炭进口国与地区（日本、韩国、中国台湾、印度和欧洲）的竞争加剧，进而导致更高的国际煤炭交易价格（当前国际煤炭年交易总量仅仅是 8 亿多吨）。

这里所讨论的供应问题似乎已经显现了。2007 至 2008 年冬季，由于物价飞涨和交通的限制，同时雪灾破坏了电力传输，中国很多地方的发电厂都缺煤。《人民日报》的一篇文章引用了国家发改委副主任张国宝的发言，提到"尽管我们的煤炭产量巨大并且在持续增长，作为能源来源的煤炭市场处于脆弱的供需平衡状态"。[1] 就在那个冬季，国际煤炭交易价格大幅攀升。

---

[1] Quoted in Jim Bai, "China Needs to Cut Energy Reliance on Coal-Official," *Reuters UK*, February 4, 2008, uk.reuters.com/article/oilRpt/idUKPEK13357320080204.

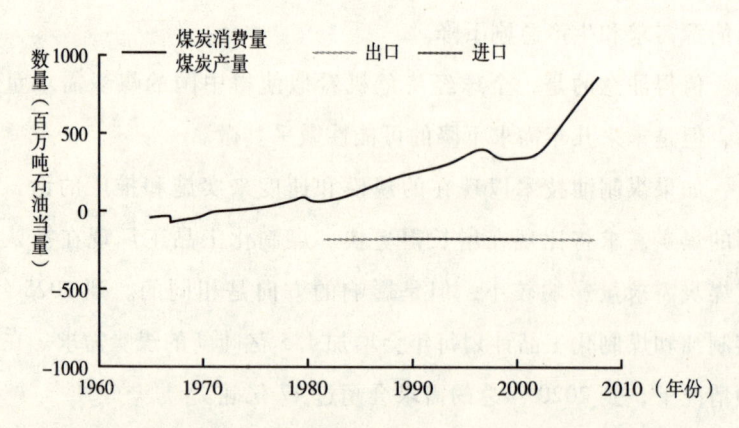

图 3-7　中国 2006~2007 年煤炭资源——进口率以 120% 速率增加

资料来源：BP Statistical Review 2008 Graphic；mazamascience.com。

中国快速的经济增长步伐经常被标榜为成功的标志，但也可能是一项致命的不利条件。简而言之，中国好像没有 B 计划[①]。除了煤炭之外，没有其他的矿物燃料能够为将来提供足够的能量以维持目前的经济增长率，如果想利用非矿物资源来弥补煤炭产量的下降，所需的投资规模是不可想象的甚至是不可能完成的——供应足够的燃料来维持每年 7%~10% 的能量增长是不可能的。

如果中国不再有足够的新能源来支持持续的经济增长，可能会影响到国家的稳定。如果要避免这个结果，中国的领导层必须寻找途径来控制经济增长、减少国内社会和政治的不稳定因素，同时在非矿物能源资源上大量投资。严肃对待降低温室气体排放问题也会起到同样的效果。不管以何种标准来衡量，这都是一个离谱的要求。但是考虑到最坏的结果可能会导致中国社会、经济和环境的崩溃，中国的领导层需尽全力来做出努力。

---

① 指替代方案。——译者注

第 4 章
俄罗斯和印度的煤炭资源

俄 罗 斯

综 述

根据世界能源委员会的数据,俄罗斯以 500∶1 的煤炭储采比居于世界各国第一位。这并不意味着这个国家的煤炭资源可以使用 500 年,原因已经在第一章中详尽地介绍过。然而,这个数字也并非没有意义。俄罗斯官方披露的煤炭储量值居于世界第二,许多潜在的煤田还未被开采。

19 世纪后期到 20 世纪 60 年代,俄罗斯的煤炭在能源历史中占有主导地位。那时,国家正要大力开发石油和天然气的巨大储备量,顿涅茨克盆地(Donetsk Basin)的主要产煤区几近枯竭。燃煤工业是苏联工业早期扩张的支柱产业,许多工业中心坐落在煤矿附近。

1860年,俄罗斯的煤炭年产量达到12.1万吨,随后快速增长,1900年达到1200万吨,1916年达到年产量3450万吨①。1917年俄国革命之后不久,产量大幅度下降,大多数矿山被摧毁。20世纪20年代,许多矿山得以恢复,同时也开发了一些新的矿山,其中包括一些露天开采的矿山。在1928年至1938年这十年中,建造了200多个矿山,增加了1亿吨的生产能力。

第二次世界大战期间,由于德国占领了苏联的东部地区,造成煤炭减产60%的损失。西部边远地区地表开采形成的生产集约发展对此有所弥补(1945年,露天矿山产量达1780万吨,占总煤炭产量的比值约为12%)。

苏联推出的一种新的休假日——"矿工日"——表明该行业在当年具有足够的威望。

20世纪六七十年代,随着采矿科学技术的进步,应用现代采矿设备的大规模生产开始了。1988年,俄罗斯的煤炭产量达到4.254亿吨的顶峰,但后来由于大多数矿山的年头太长,加上平均深度的增加导致产量逐渐降低。矿山安全成为更加严峻的问题,这导致了1989~1990年大规模的矿工罢工现象。煤矿工人,曾是苏联时代薪金最高的产业工人,但是现在却因国家经济衰退工资被长时间拖欠。

在后苏联时代早期,为了避免煤炭行业的崩溃,政府采取了一些极端的措施。这些措施包括关闭最危险的矿山和一些私营矿山。1998年的产量是2.31亿吨——与1998年的最高产量相比,下降了大约一半。尽管如此,在这段时间中,在库兹巴斯(Kuzbass)和其

---

① Rosinformugol, *History of Coal Industry of Russia*, rosugol.ru/eng/his/index.html.

他地区总共建了11个新的地下矿和15个露天矿，总生产能力达到每年5700万吨。由于机械化大生产，煤炭的生产成本降低、生产率提高，煤炭行业的就业人数从1991年的90万下降为2001年的40万。① 在不久的将来，随着俄罗斯煤炭行业采用更先进的机械设备以及实践经验的积累，生产率不断提高的趋势很可能继续保持。

在苏联时代，煤炭行业完全归国家所有，如今私营企业产量超过国内生产总量的60%，大约占出口量的80%。

目前，乌克兰附近的俄罗斯顿涅茨克盆地，以及乌拉尔（Urals）的库兹涅茨克（Kuznetsk）和伯朝拉河（Pechora）盆地的南部仍进行着褐煤生产。东西伯利亚（eastern Siberia）和俄罗斯远东地区的煤炭储备主要由无烟煤及褐煤构成，由于缺乏交通基础设施以及距离市场较远，这些资源大部分未被开采。

2007年俄罗斯的煤炭产量达到3.47亿吨，并以每年大约2%的速率在增长，其中国内的消耗大约2.61亿吨。②

煤炭占俄罗斯主要能源的17%左右，为电力生产提供了30%的能源。这个百分比预期将进一步提高，因为俄罗斯提高了国内煤炭的使用比例，以便能出口更多的便于运输和获利的天然气。

俄罗斯的煤炭出口量占总产量的20%，出口的一多半运往欧洲，近年来，这一比例也在显著增加。事实上，近年来大部分的工业增长都归功于出口的提高。然而，俄罗斯煤炭出口行业面临很高的运输成本和港口费用，这可能会抑制未来出口的增长。③

---

① Mikael Höök, Werner Zittel, Jörg Schindler, and Kjell Aleklett, "A Supply-Driven Forecast for the Future Global Coal Production," contribution to ASPO (2008): 23, tsl. uu. se/UHDSG/Publications/Coalarticle. pdf.
② eia. doe. gov/emeu/international/RecentPrimaryCoalProductionMST. xls
③ "Russia Coal Exports to Start Falling," *Reuters*, June 6, 2007, reuters. com/article/GlobalEnergy07/idUSL0638050320070606.

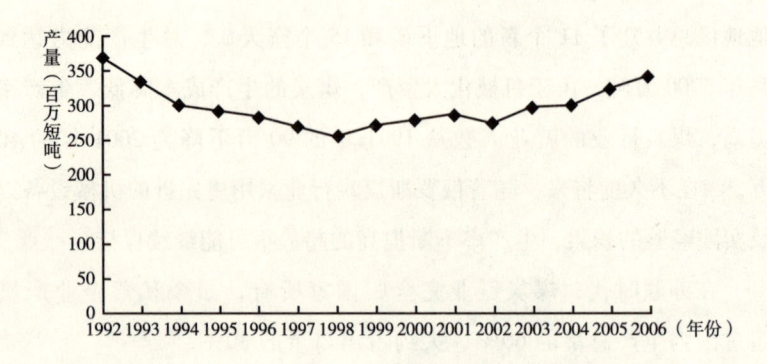

图 4-1 煤炭产量

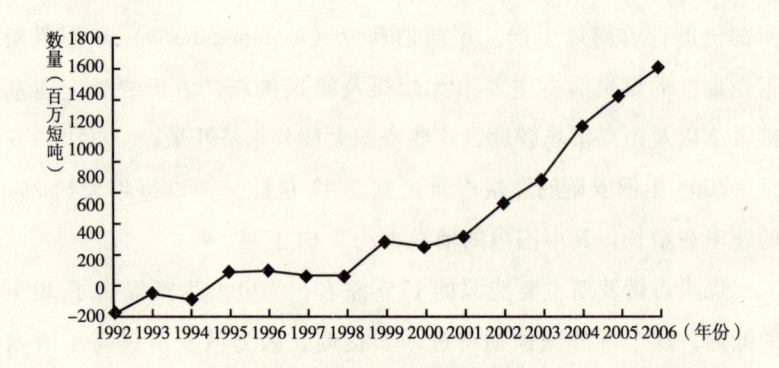

图 4-2 煤炭的净出口/进口

资料来源：EIA。

与此同时，随着国内许多新的燃煤火力发电站的建造，俄罗斯国内对煤炭的需求在增加（从现在到 2020 年，预计将增加额外的 40~50 兆瓦发电能力，那时候国内煤炭需求预计将翻一倍）[①]。2008 年，俄罗斯面临水力发电短缺的可能，造成了国内煤炭短期需求的进一步增长。但是，即使没有水力发电的短缺问题，俄罗

---

① BP, *Statistical Review of World Energy 2008*｝（BP, June 2008），32，bp.com/productlanding.do? categoryId = 6929&contentId = 7044622.

斯煤炭出口在接下来几年里也将减少1000万~1200万吨①。煤炭出口下降的新趋势将会继续，未来几年内，俄罗斯将停止出口。

储量估算历史

在苏联时代，可采煤炭储量估计在3000亿~4000亿吨——相当于当时世界总储量的30%。然而，苏联当局评价矿产资源的经济指标不同于西方国家。苏联解体后，引进了关于储量的新定义和评价指标，这些指标考虑了煤层的最小厚度、灰分、不利的工程地质条件，以及许多煤田地处偏远等因素。对储量的重新评估未考虑国家库存中相当一部分储量。2007版的英国石油公司"统计报告"和世界能源理事会两个列表显示俄罗斯的煤炭总储量为1570亿吨。如果采用更好的估算方法的话，这个数据可能会降至原来的1/3②。

最新研究

1.《煤炭：资源及其未来产量》

——能源观察小组，2007年3月

能源观察小组的报告并没将俄罗斯的情况单独列出。从国际市场的未来煤炭产量走势图（见图1-3）可见，作者预测俄罗斯煤炭产量增长将持续到2050年，其后会出现一个缓慢的下降。然而，他们也强调"无法确认苏联（主要为俄罗斯）所报道的储量

---

① World Energy Council, *Survey of Energy Reserves 2007* (WEC, September 2007), Table 1.1, "Coal: Proved Recoverable Reserves at End 2005," worldenergy.org/documents/coal_ 1_ 1.pdf.

② A. Salamatin, "Coal Industry of Russia – The State of the Art and Prospects for Development," *Mining for Tomorrow's World* (Düsseldorf, Germany, 8 – 10 June 1999, Bonn, Germany: Wirtschaftsvereinigung Bergbau e. V., 1999), 329 – 335.

能全部转化为相应的产量"①。他们作出如下判断:

> 由于最后一次数据更新时间是1998年,各界对原苏联的煤炭储量数据质量仍存疑。因此,较现实的处理方法就是默认其达到峰值后的下降幅度更明显(可参考全球未来煤炭供应图)。

2.《煤炭的未来》

——卡瓦罗和皮提维斯,能源研究所,2007年

这份报告对俄罗斯的煤炭发展前景给出了一个悲观的评估。在探讨东部煤炭储量的地理位置和缺乏铁路及港口设施这些问题之后,作者提到,"正因为如此,俄罗斯是一个成本相对昂贵的产煤者,只有当国际煤炭价格高时其在全球市场上才具竞争力"。②他们同时指出,哈萨克斯坦也存在类似的问题。

更糟的是,"煤炭生产和出口面临着机械化和生产力总体水平低,以及矿山安全性差的局面"。

该报告的结论是,"综合所有相关因素,俄罗斯不再是一个煤炭资源丰富的国家"。

3.《褐煤和无烟煤:2100年全球能源供应展望》

——托马斯·蒂勒曼、桑德罗·施密特和彼得·杰林,德国联邦地学与自然资源研究所,2007年

这份报告几乎没有提到俄罗斯煤炭未来趋势的具体细节。但

---

① Werner Zittel and Jörg Schindler, "Coal: Resources and Future Production," *EWGSeries No. 1/2007*, Energy Watch Group (2007): 16, energywatchgroup.org/fileadmin/global/pdf/EWG_ Report_ Coal_ 10 - 07 -2007ms. pdf.

② B. Kavalov and S. D. Peteves, *The Future of Coal* (Luxembourg: European Commission, Directorate-General Joint Research Centre, Institute for Energy, 2007), 33, ie. jrc. ec. europa. eu/publications/scientific_ publications/2007/EUR22744EN. pdf.

是，作者提到，由于美国的消耗速度过快，2050~2100年，俄罗斯"以1290亿吨的无烟煤储量（世界总量的40%）居世界煤炭储量的首位，紧随其后的分别是北美（949亿吨，占29.6%），大洋洲（340亿吨，占10.6%），亚洲（316亿吨，占9.8%）"[1]。从这段话可以推测作者期望俄罗斯的储量在21世纪能显著增长，尽管最近的数据显示其已呈现向下发展的态势。

4.《基于供应驱动的未来全球煤炭产量预测》

——胡克、齐特尔、辛德勒、阿拉卡累卡，乌普萨拉油气损耗研究小组

与能源观察小组早期报告不同，这篇文章专门用一部分篇幅来研究俄罗斯的未来煤炭供应情况。然而，它的结论又有点自相矛盾。文章一开始就泛泛地提到俄罗斯煤炭储量是巨大的，并能适应未来的生产和需求趋势。文章后面又提到，"实际上这将意味着要对西伯利亚煤炭储备进行大规模开发"。然而，作者也指出实际操作中的困难：

> 俄罗斯有大量可被开发的新煤区，但大部分都是位于西伯利亚或俄罗斯的东部地区。实质上大部分的煤炭资源受限于西伯利亚，远离潜在的市场和主要的消费地区。因此，需要改善交通运输系统以使这些煤区真正地被使用起来。西伯

---

[1] Thomas Thielemann, Sandro Schmidt, and J. Peter Gerling, "Lignite and Hard Coal: Energy Suppliers for World Needs until the Year 2100—An Outlook," *The International Journal of Coal Geology* 72（Issue 1, September 2007）: 1-14, sciencedirect.com/science?_ob=ArticleURL&_udi=B6V8C-4NJWNJP-2&_user=6682544&_rdoc=1&_fmt=&_orig=search&_sort=d&view=c&_acct=C000050221&_version=1&_urlVersion=0&_userid=6682544&md5=e433f606890f77057a515cdf0330af4d）。

利亚的俄罗斯煤炭资源与蒙大拿州的情况相似。由于远离市场以及需要在新煤矿、运输系统以及贸易港口等基础设施上作巨大投资，这些地区是否值得开采令人怀疑。

胡克等指出，"位于欧洲附近的俄罗斯煤田正在衰败，在未来的某个时候将不得不被抛弃"，同时，"多数的俄罗斯煤炭资源，即西伯利亚的那些煤炭，是含少量沥青及褐煤的，因此不适合长途运输和出口"。这部分结尾很乐观但又令人困惑："产量预测并未以所提到的任何问题作为约束条件，只要储备量足够大，这些新的煤区和矿山的煤炭产量就会持续增长"。

5. 哈伯特线性回归和曲线拟合

大卫·拉特里奇发现俄罗斯煤炭产量的哈伯特曲线表明，剩余的可采储量仅为300亿吨。[1] 这个明显偏低的结果是由于西伯利亚多半资源还未被考虑。因此，这一数据应被视为未来产量的下限，是基于运输问题或其他问题完全阻止远东储量开发的假设得出的。

启　示

俄罗斯是世界上几十年来以煤炭为主要资源的为数不多的国家之一，即使消费率有稍许的提高，但最后的结果如何完全取决于西伯利亚的储量。该地区已经有矿山在运作，但矿区的安全性仍是一个有争议的话题。然而，随着通古斯（Tunguska）和远东地区采矿活动的扩张，需要克服的不仅仅是安全问题，还包括艰巨的物流障碍，特别是相关的运输问题。

---

[1] David B. Rutledge, "Hubbert's Peak, the Coal Question, and Climate Change," California Institute of Technology, presentation (2007), rutledge.caltech.edu.

第 4 章
俄罗斯和印度的煤炭资源

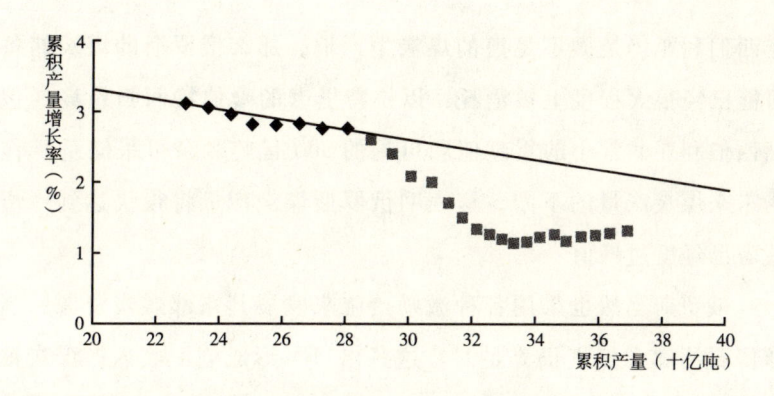

图 4-3 累积产量及其增长率

目前，俄罗斯大约有 2 万辆铁路货车，但是老货车的报废速度是更新替代速度的 3 倍。大约还需要 1 万辆新货车，每辆新货车的价格约为 4 万美元，即使俄罗斯投巨资来购买新货车，货车仍处于供应不足的状态。[1]

东部大多数地区煤炭质量都低，因此长途运输到东部的人口中心或西部海港，不太符合经济效益原则。解决方案之一就是在矿区附近建能源工厂，然后将电力传输到西部市场——但这也需要巨大的基础设施投资。

此外，在西伯利亚扩展采矿业务会导致巨大的环境成本。表面开采会导致森林砍伐或破坏有利于生态的敏感苔原。与此同时，已经是人烟稀少的本土居民区，如果进一步受到气候变化的严重影响，会使人们被迫失去家园，抑或使本已脆弱的生态系统进一步恶化。

所有这些因素都影响到俄罗斯的实际煤炭储量。假定西伯利亚的煤炭被大规模地开发，那么国家的整体储量将相应变大。假

---

[1] Jackie Cowhig and Simon Shuster, "Russia Hydro, Rail Shortage to Cut Coal Exports," *Reuters India*, July 8, 2008, in. reuters.com/article/oilRpt/idINB65731720080707.

定西伯利亚仍是微不足道的煤炭生产地，那么俄罗斯的煤炭储备可能已经很大程度上被消耗：以拉特里奇的哈伯特回归趋势（包括西伯利亚非常小的贡献值和可见的 300 亿吨剩余可采储量）作为未来煤炭产量的下限，这表明俄罗斯煤炭产量将很快达到峰值或者已经度过峰值。

俄罗斯当然也采用各种激励措施来发展其东部煤炭资源：当该国石油和天然气仍充足时，这些出口可形成创汇收入；煤炭被明智地在国内使用。俄罗斯的石油产量最近一直在下降，许多分析人士认为下降趋势还会持续。[1] 尽管如此，俄罗斯仍有望与沙特阿拉伯争夺世界上最大石油生产国的称号。俄罗斯天然气工业公司从事销售天然气到欧洲的业务，如今已成为世界上最大的能源公司。高档次的化石能源不仅使俄罗斯获得大量现金流入，也提升其国家的地缘政治影响力。因此，毫无疑问俄罗斯的国家领导人偏好通过煤炭发展国内经济，并使其利益最大化。

因此，俄罗斯努力尝试开发西伯利亚的煤炭资源，尽管还不清楚在实际限制条件发生前这些努力将会行至多远。与此同时，向东部地区扩张的后果可能会引发来自本土居民权利团体的政治压力。

因为西伯利亚的煤炭质量较低，产生能量的同时会引起大量的碳排放，所以这一资源的开发会妨碍俄罗斯遵守现有或未来的气候协定。

避免这些问题发生的一种方法是：俄罗斯在西伯利亚建造高效煤气化电厂，隔离碳的排放，传输电力到西部和中国的市场，财政上给予当地居民经济福利。这将是一项非常昂贵的实施策略。

---

[1] The Economist, "Trouble in the Pipeline," *The Economist*, May 8 2008, economist. com/business/displaystory. cfm? story_ id = 11332313.

此外，从某种意义上说，这不仅是基于金融投资的经济回报问题，也涉及能源投资回报问题：如果能源的利润率下降到不足10%，那么为社会提供能源的支出与社会能量的获得是不成比例的。只有经过复杂且大量的研究才能精确地计算出西伯利亚到底有多少潜在的可被提取和使用的煤炭资源，这些资源最终能提供多少净能量。建议俄罗斯政府在致力于其东部煤炭资源大规模开发之前能够进行相关的研究。

印　度

综　述

印度的情况与中国有点类似，它也是一个人口稠密的国家，依靠煤炭使经济得以快速增长。资源的消耗从2000年的3.6亿吨增加到2005年的4.6亿吨——年增长率为5.5%。煤炭提供的能量占印度总能耗的53%。煤炭是印度最丰富的化石燃料，印度68%的二氧化碳排放量来自于煤炭的燃烧。印度煤炭的储采比超过200，远高于世界平均水平。[1]

印度的煤炭生产开始于殖民时代，1774年沃伦·哈斯丁斯（Warren Hastings）就开始在西孟加拉（West Bengal）进行商业采掘。然而，当时交通设施的缺乏使得采煤业发展缓慢，直到1900年铁路将不同地区连接到一起，煤炭生产才得以发展。到20世纪早

---

[1] World Coal Institute, "India," worldcoal. org/pages/content/index. asp? PageID = 402.

期，印度每年生产能力达到 600 万吨。1947 年独立后，印度的煤炭产量加速增长，随着 20 世纪 70 年代国有公司——印度煤炭公司（Coal India Ltd., CIL）的建成，增长的速度进一步加快。20 世纪 90 年代末期，印度的煤炭产量在世界上排名第三，仅次于中国和美国。

印度几乎所有的煤炭生产都被国有的印度煤炭公司垄断。印度煤炭公司是世界上最大的煤炭企业，拥有 473 个矿山和 42.4 万名员工。[1] 印度煤炭生产预计在 2011～2012 年达到 5.2 亿吨，2016～2017 年达到 6.65 亿吨。[2]

印度的煤炭分布在一些相对较小的盆地，其中大部分在东部和东南部地区。几乎所有的资源都是褐煤，其中西北地区的一些褐煤已被开采用于发电；然而，大多数的资源是低档次和低质量的，灰分含量极高。因此，印度煤炭不适合出口，这也造成该国电厂有大量的粉煤灰。[3]

超过 3/4 的印度煤炭是经地表开采得到的；剩余的是地下开采得到的，地下开采主要使用房柱式采煤法。

除了资源质量问题，印度煤炭工业的主要问题仍是缺乏足够的运输基础设施。开采的煤炭一半以上是通过铁路运输，近 20% 通过卡车运输，其余的通过海运或者其他途径（包括传送带和索道）。由于柴油燃料价格很高，卡车运输变得越来越昂贵，而且随

---

[1] Heading Out, post on "From ASPO-USA to MinExpo – A Study in Contrasts," The Oil Drum, comment posted September 30, 2008, theoildrum.com/node/4579.

[2] "Dedicated Freight Corridor Is Answer to Coal Woes," an interview with Mr. Partha S. Bhattacharyya, Chairman of Coal India, The Hindu Business Line, June 30, 2008, thehindubusinessline.com/2008/06/30/stories/2008063050311400.htm.

[3] Gordon Couch, "Clean Coal Technology Developments in India," (Network for Oil and Gas seminar held in Stockholm, June 14, 2007): 7 – 8, nog. se/files/NOG-referat_ %20070614. pdf.

着煤炭产量的增加，铁路基础设施已经无法承载运输的需求。

目前，印度的煤炭消费量接近5亿吨/年，而年产量却仅为4亿多吨。① 约1亿吨的缺口需要通过进口来弥补。然而，即使可获得进口，印度可处理煤炭的港口数量仍然有限，而且铁路货车和机车的缺乏使得煤炭难以从港口运输到发电厂。

近年来，由于印度煤炭公司减少了供应量（从2008年的3.05亿吨减为2009年的2.9215亿吨）②，国家发电厂面临煤炭短缺问题。种种迹象表明，前文所讲的基础设施的局限已经严重影响了印度煤炭工业的发展。

储量估算历史

印度无烟煤储量从1987年的126亿吨增至2005年的900亿吨。这是全球范围内唯一一个能够拥有如此庞大且不断扩张的储量的国家（澳大利亚也曾公布其储量在增加，但增幅较小）。然而，2007年世界能源理事会的调查中发现印度的煤炭储量从920亿吨减少到560亿吨，这说明报告的数据由原来的"当地煤炭储量值"改为"可采煤炭储量值"。

最新研究

1.《煤炭：资源及其未来产量》

——能源观察小组，2007年3月

这份报告很少涉及印度煤炭的细节之处。但报告中提到印度

---

① World Coal Institute, "India," worldcoal.org/pages/content/index.asp? PageID = 402.
② Sanjay Dutta, "Coal Shortage to Fuel Power Crisis," *The Times of India*, May 8, 2008, timesofindia.indiatimes.com/Business/India_ Business/Coal_ shortage_ to_ fuel_ power_ crisis/articleshow/3019788.cms.

的煤炭储量值在调高，作者指出："所有其他国家在同期都分别降低了它们35%的无烟煤储量。"① 他们的一般性结论是，"鉴于数据的质量差，公布的数据不能视作可证明的可采煤炭储量值"。② 然而，他们并没有提供任何的证据或论据来讨论印度的数据质量问题。

2.《煤炭的未来》

——卡瓦罗和皮提维斯，能源研究所，2007年

这份报告指出上面提到的有关资源质量问题，并进一步讨论"尽管总的储采比高，而真正可采的储量是不确定的"③。作者对印度煤炭产业发展所面临的严峻挑战进行了较为详细的分析：

> 目前，大部分印度煤炭是在地下150~300米的深处开采的。这个深度的资源可能只够满足50~60年的使用需求。更深处的煤炭开采往往因其成本过高而被放弃。
>
> ◇ 大多数煤矿都是国有的。这一事实制约了民间投资。煤炭供给的投资特别是外国投资受到法律法规的限制和阻碍。
>
> ◇ 与国际标准相比，煤矿的操作技术已经过时，生产率很低，尤其是在地下开采方面。
>
> ◇ 大多数煤炭资源位于印度的东北部，而主要的消费中

---

① Werner Zittel and Jörg Schindler, "Coal: Resources and Future Production," *EWG-Series No. 1/2007*, Energy Watch Group (2007): 5, energywatchgroup.org/fileadmin/global/pdf/EWG_ Report_ Coal_ 10-07-2007ms. pdf.

② Werner Zittel and Jörg Schindler, "Coal: Resources and Future Production," *EWG-Series No. 1/2007*, Energy Watch Group (2007): 5, energywatchgroup.org/fileadmin/global/pdf/EWG_ Report_ Coal_ 10-07-2007ms. pdf., 11.

③ B. Kavalov and S. D. Peteves, *The Future of Coal* (Luxembourg: European Commission, Directorate-General Joint Research Centre, Institute for Energy, 2007), 34-35, ie. jrc. ec. europa. eu/publications/scientific_ publications/2007/EUR22744EN. pdf.

心是在西部和西南部地区（包括沿海地区）。把煤炭运到主要消费区，尤其是以未洗的形式，涉及用铁路长途运输（500~700公里）的昂贵费用。运输成本可能高达总成本的70%。

◇ 由于各种原因，包括现存的三方面压力，印度铁路的条件不尽完善。发展铁路需要巨额的投资，在可预见的未来这是不现实的。

◇ 由于以上原因，同时也为了提高煤炭平均质量，印度的西部和西南地区的许多发电厂厂主增加了高质量蒸汽煤的进口量。

◇ 电力行业被严格管制、电力价格保持在较低水平，这些都阻碍了投资行为。发电厂的经营者没有足够的投资动力来提高煤炭质量、发展物流设施以及革新发电厂。

◇ 大多数电厂都超期、过时，因此效率低下。

3.《褐煤和无烟煤：2100年全球能源供应展望》

——托马斯·蒂勒曼、桑德罗·施密特和彼得·杰林，德国联邦地学与自然资源研究所，2007年

这份报告并未提供印度的相关细节。最相关的内容就是，"亚洲对能源的渴求将贯穿整个世纪并对亚洲的能源供应带来巨大的挑战，从储量的角度看，很可能使用亚洲的煤炭储量和全球市场来满足日益增长的需求"。

4.《基于供应驱动的未来全球煤炭产量预测》

——胡克、齐特尔、辛德勒、阿拉卡累卡，乌普萨拉油气损耗研究小组

作者指出："印度最大的公共部门塔塔电力（Tata Power）与

印度尼西亚的一家煤炭公司签订了一份合同，后者允诺每年向塔塔电力提供1000万吨煤炭。"① 这种做法让人顿生疑问："如果印度煤炭供应量是可靠的且数量巨大，那么他们为何要签这种进口合同呢？"文章中提到：

> 塔塔集团的另一家下属企业塔塔钢铁与河谷（Riversdale）矿业公司签订了一份备忘录，可获得莫桑比克煤炭项目35%的股权。早些时候塔塔钢铁与一家澳大利亚公司签署了一项协议，可获得其在昆士兰（Queensland）煤炭项目5%的份额。种种迹象表明，印度的煤炭储量实际上小于所报道的数值，或者其中的很大一部分对商业企业而言是无用的，或者可能因为进口煤炭更廉价。

不过，胡克等人仍使用储量图来预测未来全球煤炭供给："产量预测未考虑前面提到的任何经济问题，仅仅反映与储量相关的合理的增长趋势"。

5. 哈伯特线性回归和曲线拟合

大卫·拉特里奇写道："近年来，南亚、中南美洲煤炭储量呈指数增长，所以无法预测其趋势。"② 因此，为了评估全球可采储量，他简单地采用公开的储备数字，同时他也指出，"这一数字很可能太高了"。

---

① Mikael Höök, Werner Zittel, Jörg Schindler, and Kjell Aleklett, "A Supply-Driven Forecast for the Future Global Coal Production," contribution to ASPO (2008): 27 - 28, tsl. uu. se/UHDSG/Publications/Coalarticle. pdf.
② David B. Rutledge, "Hubbert's Peak, the Coal Question, and Climate Change," California Institute of Technology, presentation (2007), rutledge. caltech. edu/.

启　示

在未来很长一段时间内，印度仍将是一个高度依赖煤炭能源的国家，因为它没有其他的选择来增加电量。随着国家经济的快速发展，电力需求将不断扩大。目前电气化率依然很低，特别是在农村地区，输电网连接普及率仅为30%。

但是，就像中国，印度国内煤炭供应的限制因素不久就会凸现。正如卡瓦罗和皮提维斯指出的，交通运输是限制因素之一；对印度而言，还有严重的资源质量问题，这也使得当前的资源储量值存在疑问。再有，印度大量煤炭采用的是表面开采，在这个人口非常稠密的国家进行扩大生产不仅会导致森林砍伐和其他环境问题，而且会造成许多村庄的迁移。如此庞大的人口迁移不仅会给当地的社会和政治带来挑战，甚至可能会影响到中央政府。

就像现在正在做的那样，简单的解决办法就是进口更多的煤炭。但是港口设施的落后以及由此带来的港口拥挤和船舶延迟问题（雨季达到了高峰）使得进口受阻。同时，必须得建成连接港口和电厂的铁路。

此外，该区域的其他国家也在国际市场上寻求购买更多的煤炭，因此进口煤炭的价格在未来几年可能会大幅上涨。考虑到印度的经济现状，即使是适度的进口增量也将会给国际供应带来极限挑战。

总而言之，印度对煤炭的依赖会使得国家未来形成极其严重的经济、社会和环境问题。随着国际煤炭价格的上升，印度很可能遭遇经济紧缩，除非其能够迅速开发出可替代能源资源。

2008年7月，印度的能源短缺形势比中国更为严峻。因为全球变暖导致喜马拉雅山（Himalayas）的冰川融化形成缺水，其核电站和水力发电遭遇困局。因此，印度 85% 以上的石油来自进口，同时国内给予价格补贴。由此产生的燃料成本的增加严重影响了国家预算。不过，印度的情况还没有邻国巴基斯坦那么糟糕。在巴基斯坦，几乎每天都有报道某个地方停电或者液体燃料出现短缺。这种情况没有尽头，除非全球金融危机导致能源需求下降。

# 第 5 章

澳大利亚、南非、欧洲、南美洲、印度尼西亚和加拿大的煤炭资源

澳大利亚

综 述

澳大利亚是世界上最大的煤炭出口国。2006年,澳大利亚的煤炭总产量为3.09亿吨,其中出口量为2.33亿吨,[1] 占世界煤炭出口的29%。澳大利亚的人均温室气体排放量最高(每年为10.1吨),主要原因是高能源消耗以及相较于其他能源来源而言的高煤炭消耗。

---

[1] Mikael Höök, Werner Zittel, Jörg Schindler, and Kjell Aleklett, "A Supply-Driven Forecast for the Future Global Coal Production," contribution to ASPO (2008): 29, tsl. uu. se/UHDSG/Publications/Coalarticle. pdf.

澳大利亚煤炭 80% 出口到亚洲。50% 以上出口到日本，其次是韩国和中国台湾。未来几年，对中国和印度的出口量预计将大幅增长。一小部分（12%）出口到欧洲，剩下的主要是出口到南美洲。[1] 2006 年，煤炭出口收入几乎占了澳大利亚商品收入总额的 20%。该国 2005～2006 年的国际煤炭销售收入相比 2004～2005 年增长了 43%[2]。

澳大利亚近 80% 的电力来自于燃煤电厂，约占总能量的 40%。过去的 25 年里，煤炭产量翻了一番，仅上一个十年就增长了 36%。

1791 年，一位名叫威廉·布莱恩特（William Bryant）的囚犯在新南威尔士州（New South Wales）亨特河（Hunter River）的河口最先发现了煤炭。1801 年，第一个采煤聚居地落户此地。[3] 19 世纪 20 年代中期，处于起步阶段的布里斯班（Brisbane）新住民在布里斯班河（Brisbane River）和伊普斯威奇（Ipswich）发现了煤炭，1843 年在昆士兰建成首家煤矿。在其他州也发现了一些较小的煤矿。

早在殖民时期，煤炭多用于家庭取暖和烹饪。19 世纪后半期，铁路、汽轮都使用来自澳大利亚的煤炭。1888 年之前，新南威尔士和昆士兰每年的煤炭产量已突破 250 万吨。

20 世纪初，煤炭也被用于城市和城镇的照明和供热。第二次

---

[1] Australian Coal Association, "Australia's Black Coal Exports by Destination: 2006 - 07," ACA, australiancoal. com. au/exports0607. htm.

[2] Mikael Höök, Werner Zittel, Jörg Schindler, and Kjell Aleklett, "A Supply-Driven Forecast for the Future Global Coal Production," contribution to ASPO (2008): 29, tsl. uu. se/UHDSG/Publications/Coalarticle. pdf.

[3] Australian Coal Association, "Coal through History," ACA, australiancoal. com. au/history. htm.

第 5 章
澳大利亚、南非、欧洲、南美洲、印度尼西亚和加拿大的煤炭资源

世界大战期间及之后，燃煤发电的需求快速增长，20 世纪 50 年代和 60 年代，因为日本当地的钢铁工业日益壮大起来，澳大利亚的炼焦煤开始出口到日本。蒸汽煤的国际贸易始于 20 世纪 70 年代末。

澳大利亚的煤炭储备是丰富的，并且质量上乘。它们适合表面开采，确保了高回收率、高生产率和低生产成本。

澳大利亚多数煤炭资源位于国家的东部，西部和中部地区的塔斯马尼亚岛（Tasmania）的聚煤区较小。同样，昆士兰和新南威尔士地区产煤量约占澳大利亚年产量的近 97%，占全国黑色煤炭出口的 100%。厚的、平坦的煤层随处可见。许多煤区的煤炭灰度、含硫量都很低，一些煤炭甚至有良好的焦化特性，可用于炼钢。

维多利亚（Victoria）第三盆地煤层富含褐煤，其厚度高达 230 米。[1] 这种煤炭专供当地发电用。

七个不同港口的九个煤炭码头掌控着煤炭的出口。其总量约为 2.37 亿吨，但仍需进一步扩张，这正在规划当中。

大部分的生产矿山位于海岸线附近，当它们要枯竭时，更远的新矿需要开发，因此需要更多的交通运输。这都将导致更高的煤炭成本。

储量估算历史

过去的 20 年里，澳大利亚已经成功地适度增加其储备。2004 年，澳大利亚存有 865 亿短吨的可采煤炭储量，大部分集中在东部沿海地区。

---

[1] Mikael Höök, Werner Zittel, Jörg Schindler, and Kjell Aleklett, "A Supply-Driven Forecast for the Future Global Coal Production," contribution to ASPO (2008): 29, tsl. uu. se/UHDSG/Publications/Coalarticle. pdf.

最新研究

1.《煤炭：资源及其未来产量》

——能源观察小组，2007年3月

这份报告没有谈到澳大利亚的细节问题，只是提到近年来澳大利无烟煤储量有所提高。[1]

2.《煤炭的未来》

——卡瓦罗和皮提维斯，能源研究所，2007年

皮提维斯和卡瓦罗很好地概述了澳大利亚的煤炭前景，指出"由于全球煤炭需求和国际贸易的急剧增加，澳大利亚的储采比减少了近40%——从2000年底的297减少到2005年底的213"，然而，即使此趋势继续，"澳大利亚的储量足以维持到2020年"[2]。作者认为，澳大利亚的煤炭生产者面临的主要挑战如下：

> 开发新煤田的成本肯定会更高，因为新的资源往往远离主要的出口设施。更多需要关注的问题是扩展出口设施，主要是海港的基础设施。最近澳大利亚煤炭出口港发生的船舶延迟问题加重了这方面的顾虑。

然而，总的来说，该报告预测"澳大利亚煤炭产业和出口会

---

[1] Werner Zittel and Jörg Schindler, "Coal: Resources and Future Production," *EWG-Series No. 1/2007*, Energy Watch Group, (2007): 21, energywatchgroup.org/fileadmin/global/pdf/EWG_ Report_ Coal_ 10 - 07 - 2007ms. pdf.

[2] B. Kavalov and S.D. Peteves, *The Future of Coal* (Luxembourg: European Commission, Directorate-General Joint Research Centre, Institute for Energy, 2007), 26 - 28, ie. jrc. ec. europa. eu/publications/scientific_ publications/2007/EUR22744EN. pdf.

有一个光明的前景"。

3.《褐煤和无烟煤:2100 年全球能源供应展望》

——托马斯·蒂勒曼、桑德罗·施密特和彼得·杰林,德国联邦地学与自然资源研究所,2007 年

德国联邦地学与自然资源研究所的作者们认为,澳大利亚的巨量煤炭储备到 2100 年可能会枯竭,但并未提供供应短缺的事实证据。[①] 报告是从欧洲能源进口的角度来写的,由此指出"由于运输成本太高",澳大利亚不可能向欧洲大量出口煤炭。"然而,两个市场之间的交易数量在过去两年中的确有所上升,2005 年约占澳大利亚褐煤炭交易的 7%。"

4.《基于供应驱动的未来全球煤炭产量预测》

——胡克、齐特尔、辛德勒、阿拉卡累卡,乌普萨拉油气损耗研究小组

像卡瓦罗和皮提维斯一样,这些作者认为澳大利亚近期的煤炭工业问题主要就是运输问题:

> 澳大利亚可以扩大其产量,但发展瓶颈就是供煤炭出口的交通运输系统。为了扩大规模,需要大规模增加昂贵的新基础设施。未来煤炭生产地区会移向澳大利亚中部,因此矿区与国内消费中心之间的距离将会增加。

---

① Thomas Thielemann, Sandro Schmidt, and J. Peter Gerling, "Lignite and Hard Coal: Energy Suppliers for World Needs until the Year 2100—An Outlook," *The International Journal of Coal Geology* 72(Issue 1, September 2007):1-14, sciencedirect. com/science?_ob=ArticleURL&_udi=B6V8C-4NJWNJP-2&_user=6682544&_rdoc=1&_fmt=&_orig=search&_sort=d&view=c&_acct=C000050221&_version=1&_urlVersion=0&_userid=6682544&md5=e433f606890f77057a515cdf0330af4d)。

在对全球情况的预测中,胡克等人没有考虑到交通运输瓶颈对未来澳大利亚煤炭出口的潜在影响。

5. 哈伯特线性回归和曲线拟合

大卫·拉特里奇发现了一个趋势:澳大利亚煤炭还有 500 亿吨的剩余储量,官方数字为 790 亿吨。① 这应该被视为一个下限。

启 示

澳大利亚有足够丰富的煤炭来满足接下来几十年的国内消费需求。然而,该国的出口能力,不仅对本国的经济有巨大的影响,对其他主要国家也意义非凡。澳大利亚的煤炭出口对中国和印度日益增长的市场,以及日本、韩国、中国台湾等地的现有客户意义重大。

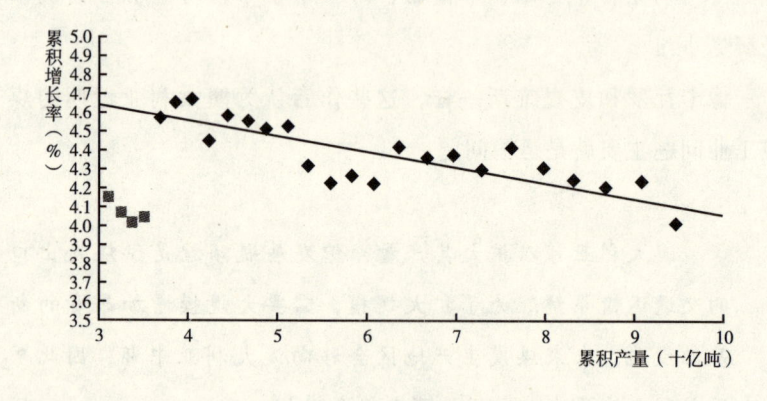

图 5-1 累积产量及其增长率

持续提高澳大利亚的煤炭产量和出口规模是一个日益严峻的挑战。新矿将建在远离煤炭港口的地方,陆地运输成本将增加

---

① David B. Rutledge, "Hubbert's Peak, the Coal Question, and Climate Change," California Institute of Technology, presentation (2007), rutledge.caltech.edu/.

(柴油价格将暴涨),这都不可避免地造成煤炭离岸交易价格的上涨。澳大利亚需要投入新的铁路基础设施建设,以适应越来越冗长的陆地装运——同时,随着汽油、柴油、天然气价格上涨,也需要建设新的铁路和轻轨城铁线以促进旅游和商务的发展。因此,在未来几年,争取用于运输基础设施建设和发展的资金将不仅仅是经济问题,也成为一项政治问题。

(中国和印度)在澳大利亚煤炭资源上的竞争在加剧,此外,澳大利亚国内的运输瓶颈可能引起国际贸易中的煤炭价格攀升,并在未来几年内达到前所未有的高峰。

南 非

综 述

有关非洲煤炭资源的任何话题都不可避免地聚焦到一个国家——南非,非洲大陆的煤炭储备和当前产量几乎都出自于此地。南非是一个重要的煤炭出口国,80%出口到欧洲。[1] 它是使用煤制油技术的世界领先者。

南非的煤炭行业有着悠久的历史,可以追溯到一个多世纪以前。第二次世界大战之后南非进行大幅度的扩张,煤炭出口始于20世纪70年代末。也就是从那时起,这个国家成为高质量蒸汽煤的可靠供应商。

---

[1] Mikael Höök, Werner Zittel, Jörg Schindler, and Kjell Aleklett, "A Supply-Driven Forecast for the Future Global Coal Production," contribution to ASPO (2008): 30,. tsl. uu. se/UHDSG/Publications/Coalarticle. pdf.

南非绝大多数煤炭资源位于北部和东部地区不同特征的盆地里。约有60%的产量来自于地下矿山，这一比例在未来还会有所增加。许多厚的高质煤层逐渐耗竭；但是，几个主要煤炭区块被大型矿业公司保留下来以供未来发展。南非的煤炭储量约占全球储量的5.5%，全部由无烟煤组成。2006年的产量达到2.44亿吨，南非成为世界第六大煤炭生产国。[1]

多年来，南非的煤炭产量与新资源的开发相匹配。因此，这个国家的储采比仍在200年以上。

南非煤炭产量的扩张始于1973年，是种族隔离时代的一项石油禁令导致的。第二次世界大战期间，德国最先使用煤制油技术，南非的沙索公司（Sasol Corporation）对工艺流程进行优化并在西卡德（Secund）建了一套复杂系统，每天生产大约15万桶人工合成的柴油燃料，约占当时全国液体燃料供应量的30%。[2] 然而，这家在整个南非煤炭产量中占有较大比例（4500万吨/年）的企业也造成了大量的温室气体排放和其他污染。

南非的煤炭出口量约占年度煤炭产量的30%，约占行业利润的55%。对出口的强烈依赖性（仅次于澳大利亚）使得南非的煤炭工业对国际煤炭价格的波动异常敏感。

出口瓶颈部分是由于港口基础设施不能满足使用需求造成的，国家为解决这一难题决定在理查德港（Richards Bay）煤炭码头投资一个项目，旨在扩大产能，使其吞吐量从每年的7300万吨增到

---

[1] Mikael Höök, Werner Zittel, Jörg Schindler, and Kjell Aleklett, "A Supply-Driven Forecast for the Future Global Coal Production," contribution to ASPO (2008): 30, tsl.uu.se/UHDSG/Publications/Coalarticle.pdf., 30.

[2] Mikael Höök, Werner Zittel, Jörg Schindler, and Kjell Aleklett, "A Supply-Driven Forecast for the Future Global Coal Production," contribution to ASPO (2008): 30, tsl.uu.se/UHDSG/Publications/Coalarticle.pdf., 30.

9100万吨。

南非未来的煤炭生产将大部分集中在沃特堡（Waterberg）地区，靠近博茨瓦纳（Botswana），博茨瓦纳拥有南非近一半的可采储量。所有的大型煤炭公司都在此处采矿或者正在申请开采的权利。然而，如果该地区要成为大型煤炭生产基地，很多的基础设施（特别是交通）必须得到改善。

储量估算历史

南非是为数不多的煤炭储量随年产量呈线性萎缩的国家。目前煤炭储量是487.5亿吨（截至2006年底）。①

最新研究

无论是能源观察小组报告（《煤炭：资源及其未来产量》）还是德国联邦地学与自然资源研究所的报告（《褐煤和无烟煤：2100年全球能源供应需求展望》）都未谈及南非的情况。

1.《煤炭的未来》

——卡瓦罗和皮提维斯，能源研究所，2007

这份报告详细讨论了南非当前和未来煤炭生产的一些细节，因为南非是欧洲煤炭的主要供应商，所以报告是从欧洲的视角来进行阐述的。报告的结论是，"未来增加甚至维持煤炭产量和出口量将面临以下挑战"：②

---

① BP, *Statistical Review of World Energy 2008* (BP, June 2008), bp.com/productlanding.do? categoryId = 6929&contentId = 7044622.

② B. Kavalov and S. D. Peteves, *The Future of Coal* (Luxembourg: European Commission, Directorate-General Joint Research Centre, Institute for Energy, 2007), 28 – 29, ie.jrc.ec.europa.eu/publications/scientific_ publications/2007/EUR22744EN.pdf.

◇ 当前尚在经营的煤矿正处于经济生命周期的末期。有一种共识是，新储量的开发成本远高于旧矿床的开发成本。

◇ 此外，新储量的煤炭质量要低于现有煤矿的煤炭质量。

◇ 综合起来，这些因素可能导致可探明的储量低于目前的估计量。

◇ 大多数的新储量都远离主要出口港。这意味着需要建设全新的物流链和昂贵的基础设施。由南非国有企业斯普纳（Spoornet）公司经营的铁路网络的容量，尤为令人担忧。确保港口具有足够的容量以及获得相关投资是南非煤炭出口面临的另一个重要挑战。

◇ 艾滋病（AIDS/HIV）在煤炭工人间的广泛传播，是南非煤炭工业面临的另一个非常严重的风险。

2.《基于供应驱动的未来全球煤炭产量预测》

——胡克、齐特尔、辛德勒、阿拉卡累卡，乌普萨拉油气损耗研究小组

这篇文章对南非煤炭储量进行了相当详细的评估，结论如下：[1]

◇ 大量的剩余储量都是低档煤，不易开采，且多是小煤田。使用现有的以及新的技术仍可开采40~50年，但低成本开采已成为历史。

---

[1] Mikael Höök, Werner Zittel, Jörg Schindler, and Kjell Aleklett, "A Supply-Driven Forecast for the Future Global Coal Production," contribution to ASPO (2008): 30 – 31, tsl. uu. se/UHDSG/Publications/Coalarticle. pdf.

澳大利亚、南非、欧洲、南美洲、印度尼西亚和加拿大的煤炭资源

◇ 既然南非低档次、高灰煤的数量越来越多，洗煤程序已经成为提高煤炭质量使其适于国际贸易的重要过程。这个过程中产生了大量的废弃煤炭。目前这些废弃煤炭的库存量已经超过了10亿吨。2003年，清洗程序所产生的废弃煤炭量达到6300万吨，几乎与同年的煤炭出口量一样多。

◇ 南非煤炭产量越来越依赖于较小的煤田和低品质的煤炭，从而导致生产成本的上涨。易开采的煤炭快枯竭了。

◇ 南非在某种程度上有增加其出口量的潜力。大量废煤的堆积引发的环境问题在不久的将来将凸显，已经有公众投诉小煤矿数量的上升和卡车运输煤炭问题。

◇ 同时，国内需求量的上升对煤炭出口也可能造成影响。需要建造更多的电站和新型燃煤工厂来满足日益增长的需求。

该报告对未来全球煤炭的供给预测并未将上述提及的问题作为约束条件。

3. 哈伯特线性回归和曲线拟合

大卫·拉特里奇发现南非有100亿吨的煤炭储量可供开采——仅比官方公布数字的1/5稍多一些。[①] 这可被看做未来产量的一个下限，博茨瓦纳的新煤炭区还有待挖掘，其产量并未被包含在这一统计数字中。

启　示

在过去一年里，南非陷入电力危机中，尽管国营企业非洲南

[①] David B. Rutledge, "Hubbert's Peak, the Coal Question, and Climate Change," California Institute of Technology, presentation (2007), rutledge. caltech. edu/.

部电力公司（Eskom）在不断努力地提供电能，但仍供不应求。造成这个问题的部分原因是最新建造的发电厂都已有20年了；与此同时，许多以前不用电的穷人如今有了用电的需求。设备已开始"负载荷"——10%的用户被轮流定期停电2~4小时，唯有如此才能使电力系统正常运行。

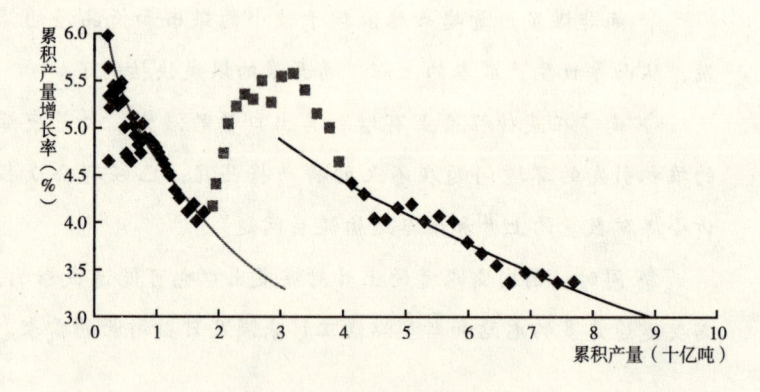

图 5-2　累积产量及其增长率

一个可能的解决方案就是建设更多的电厂，现有的多数电厂是靠燃烧煤炭来发电的。这意味着国内需要更多的煤炭，可能会影响出口量。国家也在考虑其他策略以解决电力供给问题——例如电力配给、核能发电、太阳能和风能发电、建造上百万块太阳能集热器加热室内水等。

与此同时，期待南非仍是可靠的煤炭出口商是不切实际的。进一步来讲，就像前面报道中提到的问题——煤炭质量降低、现有煤矿的寿命和枯竭、矿山交通运输的挑战——表明煤炭出口量增长估计是难以达到的，而标准的储量值可能会给这个国家未来煤炭的前景一个过于乐观的印象。再有，从目前调查的每个国家的情况来看，未来煤炭产量取决于较远区域的低品质煤的开发，随着运输成本的快速增长,新的交通基础设施亟须建设。

2008 年,随着煤炭价格上涨,欧洲由于各种各样的原因(下面将讨论)重新重视煤炭,其从南非进口量提升至 3 倍。这导致了南非国内煤炭价格的上涨,进而出现了前面提到的电力短缺现象。1 月,黄金和白金矿山的暂时关闭避免了全国性的电力中断。电力价格的上涨和持续电力短缺似乎是不可避免的。

欧　洲

综　述

从某种意义上而言,欧洲是值得详细讨论的地区,因为 19 世纪欧洲引领世界煤炭生产,迎来了工业革命——这改变了欧洲国家乃至整个世界的经济和政治命运。如果不是欧洲使用易燃的黑色石头,现代历史会呈现另外一幅画面。黑石头的开采使得工会组织形成;黑石头的分子结构也促进了化学工业的发展;黑石头的内在能量使得铁路和蒸汽船被发明创造出来。在后面介绍煤炭历史的章节中,欧洲也是历史象征之一:在整个欧洲地区,煤炭枯竭是导致不计其数的煤矿关闭、相关产业衰落及矿工工会数量减少的根本原因。然而欧洲煤炭历史的转型是一个漫长而细致的过程,但也令人着迷且具启示性的[参见芭芭拉·福瑞斯(Barbara Freese)《煤炭:人类历史》一书[①]],也许在这里讨论欧洲煤炭资源的未来是不恰当的,因为今天的欧洲作为一个由 27 个

---

① Barbara Freese, *Coal: A Human History* (Basic Books, 2003).

国家组成（包括英国、德国、法国）的整体，是相对较小的煤炭生产者，只有规模小并且迅速萎缩的储量可供开采。

把 27 个成员国中的任何一个分开来讨论都是不切实际的。但是，英国和德国不可避免地会受到特别关注。

英国经历了一个近乎完整的生产周期。12 世纪，在乡村的森林遭砍伐之后，英国开始使用煤炭取暖和烹饪。到 17 世纪，为解决矿坑深处除水的问题，发明了第一部蒸汽机；18 世纪，为了找到将矿山开采的煤炭运出去的更好方法，铺设了铁轨。到了 19 世纪初，这两种革新方法整合在一起就产生了第一条燃煤蒸汽铁路[曼彻斯特（Manchester）至利兹（Leeds）的线路]。英国的煤矿工人工会领导了全球性的劳工运动；英国的蒸汽船和燃烧煤带领英国进入全球化进程；英国工厂开始生产产品。总之，英国是第一个进入现代燃煤经济的国家。

从能源视角，英国开始的时候拥有更多的煤炭资源，比沙特阿拉伯的石油资源还要多。然而，到 20 世纪 70 年代，大量矿山被关闭，导致采矿规模大幅度缩减。这引发了英国历史上最大规模的劳工冲突，煤矿工人联盟力争矿山对外开放。矿工罢工是撒切尔政府（Thatcher regime）时期的标志事件："铁娘子（Iron Lady）"最终成功地劝服了工会，与此同时，大多数的矿山被关闭。这种情形持续了一段时间之后，整个煤田地区的城镇濒临经济和社会的崩溃。英国社会和政治历史的关键事件与北海石油开采和天然气生产息息相关：英国的煤田大幅度地减少，在接下来的 20 年中，石油和天然气将会提供能量和收入来源（1999 年，北海的产量达到了顶峰，如今，英国不仅是煤炭进口国，也是石油和天然气的进口国）。从 1970 年至今，英国的煤炭在减少，该行业的就业人数由 15 万降至不足 5000 人；今天，英国只有六个深矿

第 5 章 澳大利亚、南非、欧洲、南美洲、印度尼西亚和加拿大的煤炭资源

井在运营中,尽管还有一些存在争议的露天煤矿也在启动进程中。英国 1/3 的电力仍然是来自煤炭燃烧,一半以上的煤炭是从南非、澳大利亚、哥伦比亚和美国进口的。

德国的煤炭生产也有着悠久的历史,它在国家工业化进程中起到了举足轻重的作用。德国化学家们使用煤炭中的碳化合物在很大程度上为现代化学工业奠定了基础。煤炭也加剧了英国和德国之间的商业和工业的竞争,由此导致了两次世界大战。[约翰·梅纳德·凯恩斯(John Maynard Keynes)写道:"德国的帝国统治与其说是建立在血和钢铁之上,倒不如说是建立在煤炭和钢铁上的。"[1]] 20 世纪的大部分时期,德国的煤炭生产仅落后于美国和英国,居世界第三。

第二次世界大战之后,煤炭产生的能量使德国的经济得以复兴。这个国家的煤炭用于电力和钢铁生产——钢铁是德国汽车产业发展的基础。战后,褐煤的年产量为 4000 万吨,20 世纪五六十年代开始迅速增大。1958 年产量达到峰值 1.5 亿吨,之后逐渐下降。2005 年,褐煤产量约为 2500 万吨。[2] 煤炭开采行业的就业岗位从 1980 年的 33.9 万个下降至 2000 年的 7.5 万个,这一数字仍在下降。

德国大部分的煤炭是软褐煤而不是褐煤或无烟煤。即使褐煤产量在下降,德国依然是世界上最大的褐煤生产国。

报告对欧洲其他国家的煤炭生产情况只是作了简短的描述。

法国没有英国或德国那样的煤炭资源条件,整个 20 世纪一直进口煤炭,2004 年甚至完全放弃了其煤炭开采工业。然而,勃艮

---

[1] John Maynard Keynes, *The Economic Consequences of the Peace* (New York: Harcourt, Brace and Howe, 1920).

[2] Werner Zittel and Jörg Schindler, "Coal: Resources and Future Production," *EWG-Series No. 1/2007*, Energy Watch Group, (2007): 42, energywatchgroup.org/fileadmin/global/pdf/EWG_ Report_ Coal_ 10 – 07 – 2007ms. pdf.

第地区鲁瑟纳—勒阿克斯（Lucenay-les-Aix）的露天开采计划已经启动。预计煤矿将在2011年产出可用燃料，从规划方案来看，该煤矿将会为一个低排放物电厂提供燃料。[1]

波兰的煤炭产量位居世界第七，尽管其采矿业排名仍在下降。烟煤和无烟煤的总产量估计为600亿吨，褐煤储量估计为140亿吨。[2] 自20世纪80年代末期开始，波兰各类煤炭产量平稳减少。其中一部分原因是共产主义政权的瓦解（20世纪90年代，许多经济上可行的矿山项目均被取消），但主要原因是高质量煤炭和可开采煤层的耗竭。目前煤炭为波兰提供的能量约占总供应量的70%，囊括了国家电力以及区域供热。煤炭生产和使用已造成波兰环境的严重破坏。

第二次世界大战之后，德国、意大利、法国以及比荷卢经济联盟国家（Benelux countries）生产褐煤的成本非常高，这为欧洲保护性市场的形成提供了原始推动力。结果是欧洲煤钢共同体（European Coal and Steel Community, ECSC）于1952年成立，这为后来的欧洲联盟形成奠定了基础。

储量估算历史

正如第1章提到的，英国估算的煤炭储采比最早是900年，而目前的数字只有9年。[3]

欧洲其他国家的煤炭储量下降趋势也同样显著。德国"被证实

---

[1] Celine Le Prioux, "France's Coal Mining Industry to Get Second Wind with New Power Project," *Terra Daily*, August 20, 2006, terradaily.com/reports/France_ Coal_ Mining_ Industry_ To_ Get_ Second_ Wind_ With_ New_ Power_ Project_ 999. html.

[2] Lee B. Clarke and Alessandra McConville, *Coal in Poland* (International Energy Agency Coal Research, IEACS/01, 1998), caer. uky. edu/iea/ieacs01. shtml.

[3] BP, *Statistical Review of World Energy 2008* (BP, June 2008), bp. com/productlanding. do? categoryId = 6929&contentId = 7044622.

的可采煤炭储量"在 2004 年之前一直被预估为 230 亿吨，2004 年的世界能源理事会报告中重新确定其储量，认为其中的 99% 均为不确定数值，由此总储量骤减为 1.83 亿吨。① 2008 年，英国石油公司《世界能源统计评论》认为其已探明的储量为 1.52 亿吨。②

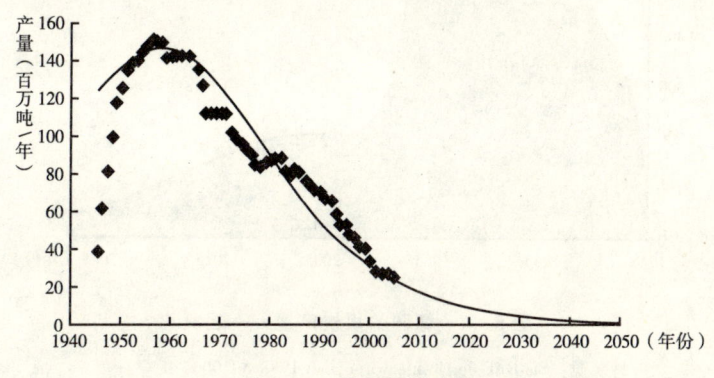

图 5-3　德国褐煤产量

资料来源：Statistik der kohlenwirtschaft 1988 & 2006。

最新研究

1.《煤炭：资源及其未来产量》

——能源观察小组，2007 年 3 月

这份报告较为详细地讨论了德国的一些情况，考虑到它的作者和出版商都是德国人，这一点是可以理解的。齐特尔和辛德勒指出，"德国褐煤出现显著下降未被解释，也没有任何关于这项事实的公开辩论"，并建议，"因为此事具有政治意义，应该调查一

---

① Werner Zittel and Jörg Schindler, "Coal: Resources and Future Production," *EWG-Series No. 1/2007*, Energy Watch Group, (2007): 42, energywatchgroup.org/fileadmin/global/pdf/EWG_ Report_ Coal_ 10 - 07 - 2007ms. pdf.

② BP, *Statistical Review of World Energy 2008* (BP, June 2008), 32, bp.com/productlanding.do? categoryId = 6929&contentId = 7044622.

下德国褐煤储量（资源）下降且未被解释的原因，也应重新公开进行讨论"①。

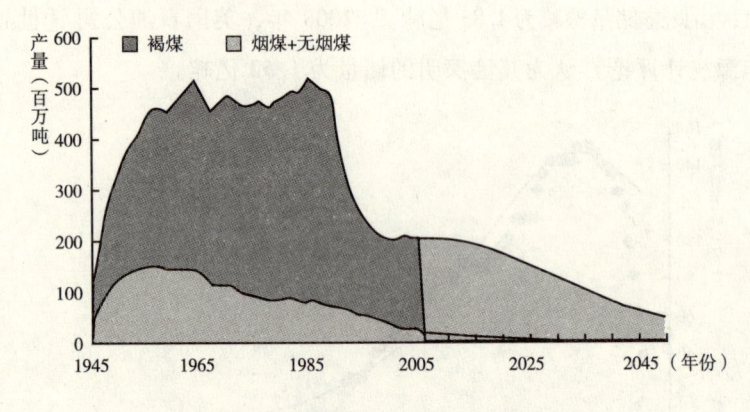

图 5-4 德国的煤炭产量——现况

资料来源：Statistik der Kohlenwirtschaft 1988 & 2006。

他们注意到，德国是世界上最大的褐煤生产者，约占世界褐煤生产量的 1/3，开采量还在持续增加。从废弃物产量的变化也可以很好地解释这一点，每吨褐煤产生的废弃物由 1950 年的 2 立方米增加到 2005 年的 5.5 立方米。一份更详尽的分析揭示除莱茵区（Rhineland）之外，几乎所有的德国产煤区都可看到这种趋势。最近几年，褐煤储量从 1990 年的 550 亿吨降至 2002 年的 430 亿吨，2004 年的世界能源理事会报告中披露值仅为 66 亿吨。

2.《煤炭的未来》

——卡瓦罗和皮提维斯，能源研究所，2007 年

这份报告的目的是从欧洲的角度来考察未来煤炭的可获得

---

① Werner Zittel and Jörg Schindler, "Coal：Resources and Future Production," *EWG-Series* No. 1/2007, Energy Watch Group, (2007)：43, energywatchgroup.org/fileadmin/global/pdf/EWG_ Report_ Coal_ 10 - 07 - 2007ms. pdf.

性，所以作者对欧洲煤炭情况做了很好的概述：

> 欧盟（EU）无烟煤生产常常面临资源耗尽的局面，关键问题在于煤炭质量不断下降以及生产成本过高。虽然与进口无烟煤相比，本土褐煤生产在成本方面仍有竞争优势，但欧盟的褐煤储量并不充裕且正在不断耗竭……目前，欧洲煤炭生产前景非常清晰。欧盟本土的无烟煤产量因为一些原因将持续减少。一个多世纪以来，欧洲的无烟煤资源已被集中开采，那些质量好且易于获得的资源早已被开采。由于欧洲的无烟煤主要是从地下矿床重新获得，欧洲的矿工们被迫到更深的地方进行开采，这些煤炭质量更差而且成本更高。欧洲本土生产的无烟煤价格是进口煤炭价格的 2~3 倍。因此，一些欧盟国家已经停止了无烟煤的生产。在那些仍在生产无烟煤的国家里（主要是社会经济原因），补贴费用高昂，但补贴正在逐渐被取消。[①]

3.《褐煤和无烟煤：2100 年全球能源供应展望》

——托马斯·蒂勒曼、桑德罗·施密特和彼得·杰林，德国联邦地学与自然资源研究所，2007 年

德国联邦地学与自然资源研究所报告没有提供关于未来欧洲煤炭产量的有用细节。作者只是假设欧盟将会继续进口，并且进口数量会比以往任何时候都更多，而且推测仍然从现有的资源来

---

① B. Kavalov and S. D. Peteves, *The Future of Coal* (Luxembourg: European Commission, Directorate-General Joint Research Centre, Institute for Energy, 2007), 4 and 25, ie. jrc. ec. europa. eu/publications/scientific _ publications/2007/EUR22744EN. pdf.

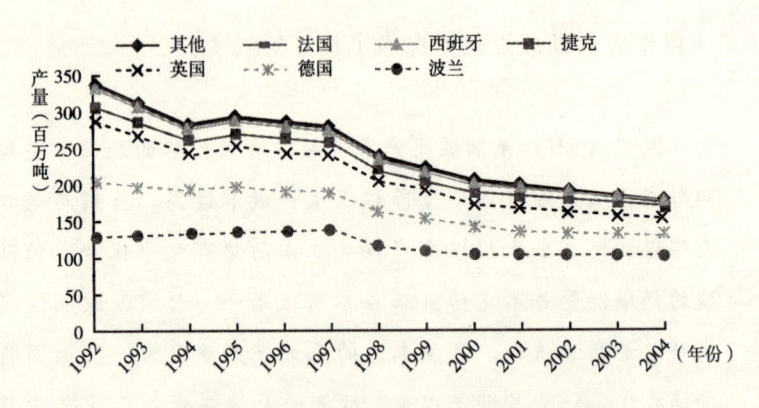

图 5-5　1992~2004 年欧洲各国煤炭产量

源国（南非、澳大利亚、美国和南美）进口。

4.《基于供应驱动的未来全球煤炭产量预测》

——胡克、齐特尔、辛德勒、阿拉卡累卡，乌普萨拉油气损耗研究小组

虽然在文中几个地方提到欧洲，但是都没有针对地区进行分析。

5. 哈伯特线性回归和曲线拟合

大卫·拉特里奇发现根据哈伯特回归趋势，煤炭的剩余储量为 210 亿吨，而报道的储量是 550 亿吨。[①]

启　示

在这里，我们引用皮提维斯和卡瓦罗对欧洲煤炭形势的总结。

欧洲煤炭消耗量于 1965 年达到峰值，现在很难预测什么时间消费量将达到甚至超过当年的水平。从 20 世纪 80 年代末到 90 年代中期，欧洲煤炭消耗量在快速下降，最近的 8~10 年持平。近几

---

① David B. Rutledge, "Hubbert's Peak, the Coal Question, and Climate Change," California Institute of Technology, presentation (2007), rutledge.caltech.edu/.

年来，由于欧盟煤炭产量持续下降，趋于平缓的消耗量使得欧盟更多地依赖于进口。

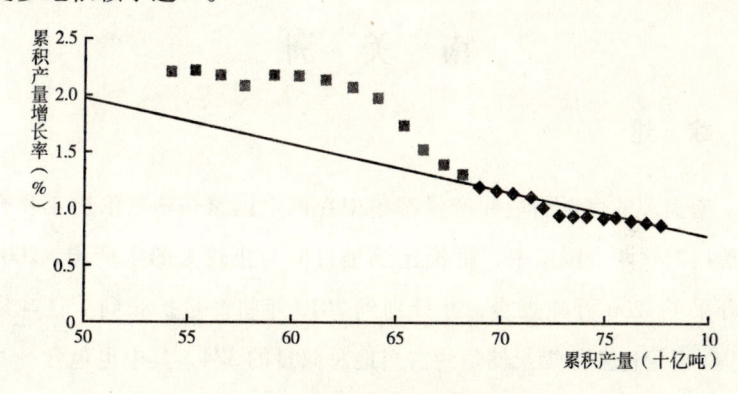

图 5-6 累积产量及其增长率

由于天然气和核能可代替煤炭用于发电，欧盟的许多煤矿都关闭了。尽管有可能在短期内振兴英国、德国和法国的煤炭行业，但这些都只是在小规模范围内的努力，根本原因在于最易开采的和高质量的煤炭储备已经逐渐耗竭。此外，重新开放一个已封闭的煤矿平均至少需要十年的时间。很明显，如果该地区要维持当前煤炭发电和钢铁生产的水平，其中的大部分煤炭将不得不来自他处。

但是，根据对其他国家煤炭储量的评估，新的问题出现了：那些煤炭从哪里进口？来自亚洲的国际需求竞争越来越激烈，这就意味着由澳大利亚出口供给可能难以满足长久的需求；与此同时，其他出口国也同样面临着运输、最佳采矿点储备枯竭的问题。南美最有可能成为增加对欧洲出口的地区。但是，如果北美成为主要的煤炭进口区域，其需求可能会超过哥伦比亚和委内瑞拉能够提供的出口量，这会使得欧洲必须与其他潜在客户竞价获得煤炭资源。

几年之内，这些问题可能不会凸显。但是，欧洲能源规划者们需要对未来煤炭可能出现的高价格持谨慎态度。

南 美 洲

综 述

南美洲的煤炭储量和产量都集中在两个国家——哥伦比亚和委内瑞拉。这两个国家中，哥伦比亚是目前为止较大的生产国，2007年开采了7200万吨煤炭，并计划到2010年将产量扩张到1亿吨以上。① 哥伦比亚的煤炭储量约占当地总储量的3/4，其中也包含一些质量上乘的煤炭。几乎所有的产量都是用于出口。但是，快速增长的出口需要增加港口、道路、铁路，以及减少破坏煤炭生产的激进组织（主要是哥伦比亚革命武装力量FARC）的干扰。

哥伦比亚的煤炭资源分布很广，在八个地区都拥有重要的资源。这个国家的地理位置也意义重大，经由巴拿马运河（Panama Canal）、远东地区（Far East），可以很便利地进入北美和欧洲的市场。哥伦比亚大约95%的煤炭是烟煤，其中8%是焦炭品质。剩下5%的煤炭储备是亚烟煤。② 哥伦比亚没有褐煤。哥伦比亚煤炭总体上质量上乘，含硫量和灰分都很低。

委内瑞拉每年生产830万吨的煤炭，但是国内每年的消耗量只有10万吨。③ 尽管目前对环境以及本土的关注似乎超过出口收入，

---

① Jane Sutton, "Colombia Hopes to Boost Coal Production by 40 Pct.," *Reuters*, February 1, 2007, reuters.com/article/companyNewsAndPR/idUSN2132846820070201.

② World Energy Council, *Survey of Energy Reserves 2007* (WEC, September 2007), Table 1.1, "Coal: Proved recoverable reserves at end 2005," worldenergy.org/documents/coal_1_1.pdf.

③ Energy Information Administration, "Venezuela Energy Profile," tonto.eia.doe.gov/country/country_energy_data.cfm?fips=VE.

查韦斯（Chavez）政府在扩张还是减少煤矿开采问题上依然显得优柔寡断。委内瑞拉拥有重要的煤炭资源，其储量主要位于该国西北及北方地区。近年来，大部分的矿山发展集中在西北地区的瓜卡拉（Guasare）盆地，靠近哥伦比亚边境。与哥伦比亚一样，委内瑞拉的煤炭质量较好，能量较高且污染物极少。

南美只是近期才成为重要的煤炭生产国和出口国，因此它的煤炭储备大部分都还没有动过，但是哥伦比亚的生产快速扩张已导致该国的储采比降低，从 2000 年底的 177 降到 2005 年底的 112。[1] 目前，哥伦比亚和委内瑞拉两国的煤炭主要出口到美国和欧洲。委内瑞拉似乎是世界范围内成本最低的生产国和出口国。

对这两个国家而言，进一步扩大生产和出口的最主要障碍是需要大量的外国投资，以及发展足够的出口物流服务和基础设施（铁路和港口）。在委内瑞拉，政府自身成为进一步开拓生产和出口潜力的阻力。

最新研究

最近没有任何研究发现南美洲产量的增加和出口受到地质因素的限制。只有卡瓦罗和皮提维斯[2]以及胡克等人[3]的报告中探讨了这一地区的所有细节。胡克等人的报告指出：

---

[1] BP, *Statistical Review of World Energy 2008* (BP, June 2008), bp.com/productlanding.do?categoryId=6929&contentId=7044622.

[2] B. Kavalov and S.D. Peteves, *The Future of Coal* (Luxembourg: European Commission, Directorate-General Joint Research Centre, Institute for Energy, 2007), 29, ie.jrc.ec.europa.eu/publications/scientific_publications/2007/EUR22744EN.pdf.

[3] Mikael Höök, Werner Zittel, Jörg Schindler, and Kjell Aleklett, "A Supply-Driven Forecast for the Future Global Coal Production," contribution to ASPO (2008): 33-34, tsl.uu.se/UHDSG/Publications/Coalarticle.pdf.

煤炭在哥伦比亚的国内能源生产中并没有扮演主导的角色，自1993年以来，它的使用量一直在走下坡路。只有大约5.4%的煤炭总产量供国内使用，对该国总能量的贡献值为8%，其余的煤炭用于出口。哥伦比亚超过60%的能源来自于石油和天然气。随着石油和天然气价格的上涨，很有可能出现国内煤炭使用量的增加，以使更多的石油和天然气用于出口的情形。或者只是简单地降低能源生产的成本……煤炭产量预计到2020年增加到每年7000万吨。

加利福尼亚理工学院的大卫·拉特里奇发现该地区没有出现哈伯特回归趋势，因此只能采用官方提供的储量数字来计算未来煤炭产量的发展趋势。

启　示

南美洲可能会成为全球煤炭产量增产的最后区域。哥伦比亚煤炭生产行业正在蓬勃发展，政府消息人士说该国的出口量在短短五年时间内已经上涨了一倍，将来会继续以每年10%的速度增长。阻碍这种持续扩张的主要因素是柴油和燃料油价格上涨导致的运输问题。

印度尼西亚

综　述

20世纪90年代初以来，印度尼西亚逐渐成为世界第二大煤炭出口国，约为总产量 80% 的煤炭被运往国外。几乎所有的出口煤炭都是运往亚洲，目前主要是出口到日本和中国台湾。

用于国内消费的煤炭开采始于 20 世纪早期，20 世纪 40 年代煤炭产量的峰值达到每年 200 万吨。然而，20 世纪 50 年代和 60 年代，印度尼西亚石油工业的成功使得煤炭输出量减少。20 世纪 70 年代，煤炭产量有所增加，在婆罗洲（Borneo）的加里曼丹省（Kalimantan province）发现大量高品质煤炭，主要是无烟煤，使煤炭出口持续繁荣发展。加里曼丹的煤炭资源中只有一小部分已经被开发或被详细评估。

印度尼西亚一家国有煤炭公司 PT 巴图巴拉公司（PT Batubara）在苏门答腊岛（Sumatra）生产了大部分供国内消耗的煤炭，而外资公司在加里曼丹开采了绝大部分供出口用的煤炭。

印度尼西亚的煤炭种类很广，从褐煤到烟煤，且大部分来自低成本、露天开采。

位于新几内亚西半部的西巴布亚（West Papua）已有被开采的无烟煤和褐煤矿床，此外，爪哇岛（Java）的无烟煤煤层较薄，从商业角度看可以得到少量的煤炭。南苏拉威西岛（South Sulawesi）也有薄的无烟煤煤层，可为电力生产提供能源。

最新研究

1.《煤炭的未来》

——卡瓦罗和皮提维斯，能源研究所，2007 年

他们的评价是"……想要保持目前的高输出率和出口量即将遭遇挑战"。作者们指出印度尼西亚的储量小于其他主要的出口国，而且最近的产量增加已开始耗尽易获得、高档次煤炭的煤床。该报告指出：

因此，煤炭储采比几乎减半，仅六年时间就从2000年底的68降至2005年底的37。在这种趋势下，如果在煤炭领域没有额外的投资，（在当前经济和工作条件下）印度尼西亚耗尽在经济上可行的可采煤炭资源的时间会远远早于预期。另一方面，如果得到所需的投资，势必将提高煤炭生产成本，对这个国家的国际竞争力也会产生负面影响。港口的基础设施也迫切需要改善（和投资），最近这已成为印度尼西亚煤炭出口的主要瓶颈。随着经济的增长，印度尼西亚国内的煤炭消费量显著增加，这给煤炭出口供应带来压力。[1]

2.《基于供应驱动的未来全球煤炭产量预测》

——胡克、齐特尔、辛德勒、阿拉卡累卡，乌普萨拉油气损耗研究小组

这份报告观点基本雷同，指出[2]：

> 日益增长的国内电力需求会减少可供出口的煤炭量。煤炭也是一个至关重要的石油替代物，这可以从水泥厂、石化行业、纸浆和造纸工厂以及其他许多行业中增加的煤炭消费看出。政府已表示有兴趣降低对石油的依赖性，根据市场分析师的分析，这可能导致出口限制……去年，国内煤炭消费增长了近18%，许多组织对庞大的煤炭出口量表现出日渐增长的

---

[1] B. Kavalov and S. D. Peteves, *The Future of Coal* (Luxembourg: European Commission, Directorate-General Joint Research Centre, Institute for Energy, 2007), 28, ie. jrc. ec. europa. eu/publications/scientific_ publications/2007/EUR22744EN. pdf.

[2] Mikael Höök, Werner Zittel, Jörg Schindler, and Kjell Aleklett, "A Supply-Driven Forecast for the Future Global Coal Production," contribution to ASPO (2008): 35, tsl. uu. se/UHDSG/Publications/Coalarticle. pdf.

不满情绪,甚至出现了要为子孙后代制订"国家储备"的计划,这意味着未使用的煤炭和金属资源储量将被国家收回。

启 示

印度尼西亚正处于脱离石油输出国组织(Organization of Petroleum Exporting Countries,OPEC)的进程中,这是因为该国石油生产量在下降而国内需求在不断增长,意味着国家不再出口石油。该国还面临着越来越频繁的电力管制,国内煤炭需求快速增长。没有足够的电能,该国的经济发展将停止或倒退。在这种情况下,认为目前煤炭出口量增加的趋势将会持续很久的假设是不现实的。

但国内使用更多的煤炭以及降低出口触及印度和中国等煤炭进口国的利益。由于印度尼西亚煤炭资源短缺,致使东亚和南亚经济恶化,它自身也面临着一场拉锯战,这不可避免地导致煤炭价格大幅上涨,进一步影响印度尼西亚、中国以及印度的经济。

加 拿 大

综述

加拿大的煤炭资源集中在不列颠哥伦比亚省(British Columbia)、阿尔伯塔省(Alberta)、萨斯喀彻温省(Saskatchewan)和新斯科舍省(Nova Scotia)。然而,最近这些地区的输出量变少且仍在下降;其余地区有迹象显示产量有所提高。

加拿大2004年的煤炭生产总量为6600万吨,到2006年下降到 6290 万吨。① 几乎一半的产量来自于阿尔伯塔省，其产量略小于 3000 万吨。加拿大阿尔伯塔省蕴含国家 70% 的煤炭储量。几乎所有的生产（98%）来自表面开采；地下矿山是非常罕见的。

加拿大生产的煤炭几乎有一半是用于出口（2006 年出口 2800 万吨），而且几乎全部是焦煤（2006 年仅出口了 100 万吨蒸汽煤）。亚洲是加拿大煤炭最大的出口市场，2006 年出口量是 1600 万吨，其次是欧洲和南美洲。②

然而，加拿大于 2006 年进口了 2100 万吨煤炭，其中 1700 万吨的蒸汽煤用于东部地区电厂发电，400 万吨用于炼钢产业炼焦。1800 万吨来自美国，其余的来自哥伦比亚、委内瑞拉和俄罗斯。需要进口蒸汽煤炭发电是因其地理原因：大部分产量是在西部，通过海运，出口到亚洲更有利润；而大部分煤炭消耗是在东部，就近从南美进口更便宜些。

自 1925 年开始的储量预测估算 "实际储备量"，也就是说宽度一英尺及以上、深度 4000 英尺的煤层，大约有 4138.16 亿公吨，而可采储量接近 8000 亿公吨。更新的、质量更好的评估方法大大减少了这一数字，如今 "实际储备量" 中只有 2% 是被最后评估证实的。2006 年，英国石油公司的《世界能源统计评论》指出加拿大煤炭储量是 65.78 亿吨，大约一半是烟煤，另一半包括亚烟煤和褐煤。③ 然而，最近的

---

① Mikael Höök, Werner Zittel, Jörg Schindler, and Kjell Aleklett, "A Supply-Driven Forecast for the Future Global Coal Production," contribution to ASPO (2008): 35, tsl. uu. se/UHDSG/Publications/Coalarticle. pdf. , 32.

② Mikael Höök, Werner Zittel, Jörg Schindler, and Kjell Aleklett, "A Supply-Driven Forecast for the Future Global Coal Production," contribution to ASPO (2008): 35, tsl. uu. se/UHDSG/Publications/Coalarticle. pdf. , 32.

③ Mikael Höök, Werner Zittel, Jörg Schindler, and Kjell Aleklett, "A Supply-Driven Forecast for the Future Global Coal Production," contribution to ASPO (2008): 35, tsl. uu. se/UHDSG/Publications/Coalarticle. pdf. , 32.

第 5 章
澳大利亚、南非、欧洲、南美洲、印度尼西亚和加拿大的煤炭资源

一次对加拿大煤炭储量的评估是在 1987 年。考虑到其他国家储备下降,即使是英国石油公司提供的储量估值依然有疑问。

最新研究

最近的报告中只有《基于供应驱动的未来全球煤炭产量预测》(胡克、齐特尔、辛德勒、阿拉卡累卡,乌普萨拉油气损耗研究小组)对加拿大有较多的细节描述:

> 有趣的是,1997 年能源产量达到峰值为 4300 万吨石油当量,此后稳定下降。今日,其产量是 3230 万吨石油当量。这主要是由于阿尔伯塔省的烟煤产量急剧减少造成的。烟煤产量从 1998 年的 108.71 亿吨下降到 2005 年的 25.70 亿吨。自 1995 年开始,阿尔伯塔省的无烟煤产量增加,但自那时起,至今几乎不变……阿尔伯塔省烟煤产量的衰竭以及扩张的缺乏可看做是加拿大煤炭生产停滞的征兆。[①]

启 示

加拿大是一个向其南部邻国出口重要资源的出口国。目前,加拿大 60% 的天然气用管道输送到美国,同时 70% 的加拿大家庭使用天然气供热。依据《北美自由贸易协议》(North American Free Trade Agreement, NAFTA) 的条款,加拿大有义务永久持续地出口同样比例的天然气。然而,随着加拿大的天然气产量的不断下降,

---

① Mikael Höök, Werner Zittel, Jörg Schindler, and Kjell Aleklett, "A Supply-Driven Forecast for the Future Global Coal Production," contribution to ASPO (2008): 35, tsl. uu. se/UHDSG/Publications/Coalarticle. pdf. , 32.

持续出口将会产生许多显而易见的问题。如果继续执行这一条款,那么加拿大国内需要更多的煤炭用于发电和供热。

在不久的将来,加拿大将很可能成为较小的煤炭出口国,尤其是焦炭。但总的来说,从长远来看,加拿大进口需求的增长速度可能超过其出口煤炭的能力。

第 6 章
煤炭和气候

除德国联邦地学与自然资源研究所报告持相反的观点外,前面章节提到的关于全球煤炭储量的研究报告普遍指出,在接下来的 20 年里可能很快就会发生供应不足的情况。根据这一观点,作为全球最重要的煤炭生产国的中国,其输出量在短短几年内可能开始下降。

煤炭是人类产生温室气体排放的最重要来源,与天然气产生每单位能量释放的二氧化碳排放量相比,煤炭的产生量大约是其两倍之多。可获得的用于燃烧的煤炭数量远小于我们想象的数量,这一消息应该会令关心星球命运的气候科学家们、活动家们、政策制定者以及市民们振奋。未来煤炭供应减少的估计应被纳入气候模型——以往的气候模型常常假定下个世纪有足够的煤炭可供持续扩大的使用。

与此同时，全球气候变暖已成为我们这个时代的重点环境问题，对气候的关注不可避免会涉及我们还有多少煤炭以供继续燃烧，以及我们要如何来燃烧这些煤炭的问题——这些或通过温室气体排放量限制、碳排放税、取消建造新的燃煤电厂体现，或通过推广新的碳封存技术来实现。不管在何种情况下，目前的煤炭行业都将，确切地说是已经，被迫进行变革。

这两种趋势势必会相互作用，不确定的结果也会在今后影响气候及能源政策。

两次危机

早在20世纪50年代，开始出现这样一种观点：认为化石燃料燃烧产生的二氧化碳排放可能导致了温室效应，使得全球气温升高。第一个证实大气二氧化碳含量与全球气温升高相关的证据公布于20世纪60年代初。20世纪80年代联合国首次呼吁全世界人们行动起来以限制碳的排放，并于1988年举行了第一次听证会。联合国政府间气候变化专门委员会（Intergovernmental Panel on Climate Change，IPCC）的最初报告于1990年公布。[1] 1992年，里约热内卢（Rio de Janeiro）地球峰会形成了《联合国气候变化框架公约》。[2] 2001

---

[1] J. T. Houghton et al., eds., *Climate Change 2001: Working Group 1: The Scientific Basis* (Cambridge UK: Cambridge University Press, 2001), ipcc.ch/ipccreports/assessments-reports.htm.

[2] The Earth Summit, "Agenda 21, the Rio Declaration on Environment and Development, the Statement of Forest Principles, the United Nations Framework Convention on Climate Change and the United Nations Convention on Biological Diversity," (United Nations Conference on Environment and Development [UNCED], Rio de Janeiro, June 3-14, 1992), un.org/geninfo/bp/enviro.html.

年发表的第三次联合国政府间气候变化专门委员会报告陈述道"全球变暖是自冰河世纪以来前所未有的现象","极有可能"产生意想不到的严重后果。① 在这之前,科学家们就人类活动是否气候变化的根源的话题进行了讨论。2003年,很多人观测到南极洲西部冰原的崩解速度以及格陵兰岛海平面升高的速度远比大部分人以往想象的要快,这使得大众对环境问题的关注度升级。同年,在欧洲发生的致命的夏季热浪再次吸引了公众的视线。减缓排放的行为在日本、西欧地区以及美国地方政府和企业间加速实施。2007年,第四次联合国政府间气候变化专门委员会报告警告说全球变暖造成的严重影响已经非常明显了,减少温室气体排放的成本将远远小于它们将造成的损失。② 同年,北极冰帽融化程度非常严重,以至于历史上西北地区的运输通道第一次被打开了。

  简单来说,在过去的50年里,人为的气候变化已经由单纯的假设变为被记录下来且被广泛研究的现象;这个研究话题也从以前仅仅是气候科学家所关注的对象变成了全球关注的问题,涉及的不仅有环境方面的研究,也包括经济规划和全球政治。

  气候变化是人类有史以来所面对的最大的环境危机,但它不是摆在我们面前唯一的严峻挑战。气候变化是一个"碳汇"的问题——它是化石燃料燃烧后产生的废物废气进入环境产生的结果。但是,燃料的逐渐消耗才是其"源头"。

  几乎是同时,温室假设第一次被提出,地球物理学者哈伯特

---

① R. T. Watson and the Core Writing Team, eds., *IPCC Third Assessment Report*: *Climate Change 2001*: *Synthesis Report* (Geneva, Switzerland: Intergovernmental Panel on Climate Change, 2001), ipcc.ch/ipccreports/assessments-reports.htm.

② R. K. Pachauri, A. Reisinger, and the Core Writing Team, eds., *IPCC Fourth Assessment Report*: *Climate Change 2007* (Geneva, Switzerland: Intergovernmental Panel on Climate Change, 2008), ipcc.ch/ipccreports/assessments-reports.htm.

出版了他关于石油枯竭现象的最初研究。[1] 以往对化石燃料供应问题的研究主要集中探讨其何时耗尽，大多数的研究结果表明这在很长一段时间内不可能发生。哈伯特对此重新进行了讨论，指出在任何给定区域，或者作为一个整体的全球范围内，化石燃料的提取率将达到一个最大值，在此之后将长时间地下降直至资源耗尽，他认为产量峰值对经济计划至关重要。20世纪70年代中期，正如哈伯特所估计的那样，美国石油产量达到峰值并开始下降的趋势非常明显。在这之前，哈伯特和许多其他的石油地质学家们预测世纪之交的时候全球石油产量会达到一个峰值。1998年，科林·坎贝尔（Colin Campbell）和让·拉何瑞在《科学美国》杂志（*Scientific American*）发表了一篇具有里程碑意义的文章，题为"便宜的石油不复存在"，他们讨论认为中东地区的石油储量被夸大了，世界石油产量将在2010年前达到最大值。[2] 此时，世界石油价格盘旋在每桶12美元。到2000年，英国北海的石油产量开始下降，很明显，世界上大约有一半的其他石油生产国也处于趋平或下降状态。2005年，美国能源部的一项研究得出结论：全世界的石油产量峰值将对社会、经济和政治产生"前所未有"的影响。[3] 2008年，国际能源机构警告未来几年内全球石油将出现供不应求的严重局面。[4] 在此之

---

[1] M. King Hubbert, "Energy from Fossil Fuels," *Science* 109 (February 4, 1949): 103, hubbertpeak. com/Hubbert/science1949/.

[2] Colin J. Campbell and Jean Laherrère, "The End of Cheap Oil," *Scientific American* (March 1998), dieoff. org/page140. htm.

[3] Robert L. Hirsch, Roger Bezdek, and Robert Wendling, *Peaking Of World Oil Production：Impacts, Mitigation, & Risk Management* (US Department of Energy, February 2005), netl. doe. gov/publications/others/pdf/oil_ peaking_ netl. pdf.

[4] Keith Bradsher, "Fuel Subsidies Overseas Take a Toll on US," *The New York Times*, July 28, 2008, World Business, nytimes. com/2008/07/28/business/worldbusiness/28subsidy. html.

前，石油的价格已经上升至每桶150美元，高涨的燃料成本严重影响了汽车工业、航空工业、运输业、旅游业的发展。

由于天然气和煤炭是不可再生的，资源的损耗使得燃料输出量达到峰值后进一步下降成为不可避免的事实。但是，有关"天然气和煤炭峰值"的研究已经落后于"石油峰值"的研究。尽管对煤炭极限值的关注可以追溯到1948年安德鲁·克莱顿所做的研究，[1] 但是，有关煤炭峰值的讨论仅仅始于2007年能源观察小组[2]和国家科学院[3]的报道。2009年，能源观察小组出具了一份有关天然气供应的报告。

同时，虽然对全球石油、天然气、煤炭生产的峰值到期日还存在争议，但峰值概念已被大家所认可，这对于开始探索气候变化具有重要意义。

气候模型与化石燃料供应

气候变化对未来影响的模型必须基于两个基本参数：可被合理预测的未来温室气体排放量；大气中增加温室气体后气候的敏感度。这两个参数关系到今后的研究和修正。

---

[1] Andrew B. Crichton, "How Much Coal Do We Really Have? The Need for an Up-to-date Survey," *Coal Technology* (August 1948).

[2] Werner Zittel and Jörg Schindler, "Peak Coal by 2025 Say Researchers," *Energy Bulletin*, Energy Watch Group, (March 28, 2007), energybulletin.net/node/28287.

[3] Committee on Coal Research, Technology, and Resource Assessments to Inform Energy Policy, *Coal: Research and Development to Support National Energy Policy* (Washington DC: The National Academies Press, June 2007), nap.edu/catalog.php? record_ id =11977.

在《排放情景特别报告》(Special Reports on Emissions Scenarios, SRES)中,[1] 国际气候变化小组发表了关于化石燃料对未来气候变化影响的40种情景。2007年的最新报道是由超过1000名作者和超过1000名评论者共同努力完成的。在评估模型中,化石燃料供应的局限性并未被视为重要因素。例如,在第17种情景中提到2100年的世界石油产量比2000年高——这种情况甚至连石油输出国组织都不认为有可能。

1996年,欧洲环境局声明,全球平均表面温度增幅应控制在工业化水平前的2℃范围内,要完成这一目标,大气中二氧化碳的浓度必须稳定在550 ppm[2](工业化水平之前是280ppm,当前浓度接近390ppm,其他温室气体的增加使得这一数据升为440ppm~450ppm之间[3])。最近,欧盟根据气候科学家的建议设定大气中二氧化碳浓度目标值为450ppm。

然而,联合国政府间气候变化专门委员会认为如果本世纪化石燃料的消耗持续增加,到2100年二氧化碳浓度将高达960ppm,届时地球温度将上升6℃甚至更多。全球气温问题将成为全球性的、将会触发无止境环境恐慌的问题。

让·拉何瑞是《排放情景特别报告》一位早期评论家,2001年她提出异议,认为化石燃料供应估计值有误,气候模型中的错

---

[1] Nebojsa Nakicenovic and Rob Swart, eds., *Special Report on Emissions Scenarios*, International Panel on Climate Change (IPCC), (Cambridge, England: Cambridge University Press, 2000), ipcc.ch/ipccreports/sres/emission/index.htm.

[2] European Environment Agency, "CSI 013 Specification-Atmospheric Greenhouse Gas Concentrations," themes.eea.europa.eu/IMS/ISpecs/ISpecification20041007131717/guide_summary_plus_public.

[3] European Environment Agency, "Atmospheric Greenhouse Gas Concentrations (CSI 013) —Assessment published Apr 2008," themes.eea.europa.eu/IMS/ISpecs/ISpecification20041007131717/IAssessment1201517963441/view_content.

误值使得未来大气中二氧化碳的浓度、未来温度升高的度数、未来气候的影响、海平面高度等评估值都与实际不符。[1]

2008年4月，位于纽约市的美国国家航空航天局（NASA）戈达德空间科学研究院院长詹姆斯·汉森（James E. Hansen）与合作者［哥伦比亚大学地球研究所的卡瑞卡（P. A. Kharecha）］发表一篇重要的论文，讨论了化石燃料供应的局限性。詹姆斯·汉森近年来被公认为研究气候变化影响领域里最著名的专家。[2] 作者明确地提到"石油峰值"，并强调说"它对估计未来大气中的二氧化碳水平，从而真实估计化石燃料储量和确定二氧化碳浓度，以及对煤炭使用的可能限制起着非常重要的作用。"

在文中，卡瑞卡和汉森讨论了5种情景中"石油峰值的含义及其对大气中二氧化碳和气候的影响"。在他们的"照常营业"（Business as Usual, BAU）的情景下，"石油排放峰值将出现在2016±2年，天然气峰值出现在2026±2年，煤炭峰值在2077±2年"。联合国政府间气候变化专门委员会研究的大多数情景显示二氧化碳浓度远比卡瑞卡和汉森的BAU情景中的要高。

作者还讨论了"逐步淘汰煤炭"的情景，"使得2022年达到煤炭峰值"。第二个情景是"2012年之前，发达国家由煤炭产生的二氧化碳排放量将降至为零，在随后的10年中，发展中国家也同样停止排放"。这种煤炭逐步淘汰的情景显示2046年大气中二氧化碳浓度将出现约445ppm的峰值。

---

[1] Jean Laherrère, "Estimates of Oil Reserves," (paper presented at the EMF/IEA/IEW meeting, IIASA, Laxenburg, Austria, June 19, 2001), iiasa. ac. at/Research/ECS/IEW2001/pdffiles/Papers/Laherrere-long. pdf.

[2] P. A. Kharecha and J. E. Hansen, "Implications of 'Peak Oil' for Atmospheric CO2 and Climate," *Global Biogeochemical Cycles*, 22 (2008), pubs. giss. nasa. gov/abstracts/2008/Kharecha_ Hansen. html.

这篇文章传递了一个信息，那就是缓解气候的努力不应过多关注如何减少石油和天然气的需求，因为这些燃料的供应量是有限的。相反，既然目前是限制需求而非减少供应，应该把精力集中在减少煤炭以及非传统化石燃料的开采上。这一观点汉森在2008年6月23日国会证词中表述得更加明确：

> 逐步淘汰煤炭，而非捕获碳并将其储藏在地下，是解决全球变暖的首要要求。对机动车燃烧石油产生的碳排放进行捕获是不切实际的。但是石油正在慢慢消耗殆尽。为保护我们的星球，我们必须确保找到不是来自于煤炭的新一代移动能源。①

卡瑞卡和汉森引用了2007年美国国家研究委员会（National Research Council，NRC）的报告②并建议，"虽然煤炭储量远远低于历史所估计的……如果不采取我们刚刚所提到的缓解措施，这些煤炭足以使二氧化碳浓度超过450ppm"，能源观察小组、胡克、拉何瑞以及拉特里奇等的研究均表明未来有限的煤炭供应情况确实与汉森提出的"逐步淘汰煤炭"情景大致相同，空气中二氧化碳浓度将升至450ppm。

卡瑞卡和汉森的文章发表一个月后，乌普萨拉（Uppsala）大学的物理教授以及石油峰值研究会（Association for the Study of

---

① James Hansen, "Global Warning Twenty Years Later: Tipping Points Near," columbia.edu/~jeh1/2008/TwentyYearsLater_20080623.pdf.
② Committee on Coal Research, Technology, and Resource Assessments to Inform Energy Policy, *Coal: Research and Development to Support National Energy Policy* (Washington, DC: The National Academies Press, 2007), books.nap.edu/catalog.php?record_id=11977.

第6章 煤炭和气候

Peak Oil，ASPO）会长杰尔·阿拉卡累卡（Kjell Aleklett）发表了一篇题为"全球气候变暖夸大其辞，石油、天然气和煤炭资源供应不足"的文章（2007）。[①] 阿拉卡累卡的主要目的是让联合国政府间气候变化专门委员会承担责任：

> 英国石油公司每一年的统计评论中都会提到所有化石资源能够被工业使用的数值总和。根据这一相当乐观的估计，所有石油、天然气和煤炭的总能量等于36泽焦（Zeta joules），这是一个巨大的能量数值。但是，它超过了我们研究小组认为的可能值，但它仍然低于《排放情景特别报告》中A1、A2、B1及B2的要求……联合国政府间气候变化专门委员会预测到2100年A2仍会在70泽焦~90泽焦之间，这是工业化可使用数据的两倍……我们需要一个基于现实的关于石油、天然气、煤炭消耗量对未来气温上升影响的全新估测。

2007年6月，大卫·拉特里奇发表了他的文章《煤炭问题与气候变化》。在文中，他将哈伯特回归曲线中的未来煤炭产量与联合国政府间气候变化专门委员会模型中的值进行了比较。[②] 他总结道，"我们能够列出的生产商生产的化石燃料产量低于联合国政府间气候变化专门委员会设计的所有40个情景中的值，所以有限的生产商是气候模型的约束条件。"更明确地说，"有限的生产商生产的燃料可使二氧化碳浓度在2070年达到460ppm的高峰"，当然

[①] Kjell Aleklett, "Global Warming Exaggerated, Insufficient Oil, Natural Gas and Coal," *Energy Bulletin* (May 18, 2007), energybulletin.net/node/29845.

[②] David Rutledge, "The Coal Question and Climate Change," The Oil Drum, comment posted June 25, 2007, theoildrum.com/node/2697.

这刚好是在被广泛接受的目标值 450ppm 的边界之上。其中的含义很清晰：化石燃料的耗竭会直接导致温室气体的减少，根本不需要为碳排放推出监管政策。

简而言之，最新研究暗示着石油峰值、天然气峰值和煤炭峰值这些限制综合在一起会解决全球气候变化问题，而无需政策制定者的干预。

然而，这可能是一种危险的、过早的结论。

气候敏感性

综观气候模型，其不仅取决于未来碳排放（正如我们刚刚看到的，就像能源政策一样只是暂时影响到化石燃料的供应），而且还取决于气候敏感度。一个假定的额外增加的二氧化碳值会引起的全球气候变化值有多大？总的来说，从记录下来的关于气候变化产生的影响的观察来看，他们过去对气候敏感度的假设往往太过胆小和保守。

大多数的气候敏感性模型有三个前提条件。第一，他们认为大气温室气体浓度和全球气温上升值呈线性关系，可实际上越来越多的证据表明是非线性的关系。第二，他们往往认为全球气温升高值与生态系统和人类社会的实际影响呈线性关系，而有越来越多的证据表明这种关系也是非线性的。第三，该模型建立在值得质疑的政策基础上，即已被广泛接受的应该将未来气温升高值控制在 2℃ 范围内（这与假定温室气体浓度为 450ppm 相一致）成为人类的目标。高于以上的增加值，气候变化将是灾难性的、不可逆转的、不能接受的。事实上，我们已经看到温度变化带来的灾难性的、不可逆转的、不能接受的后果。

2005年,德国波兹坦气候影响研究所的研究员们通过对温室气体与气温升高关系的研究证实了两者之间呈非线性关系,他们得出结论——为使温度增加不超过2℃,大气中温室气体的含量就需要保持在当前水平(即380ppm)。① 在其他方面,该研究指出人类的活动使得生物圈吸收二氧化碳的能力下降,这项要素必须纳入方程式中去:到2030年,生物圈吸收碳的能力将从目前的每年40亿吨降低到每年27亿吨。

全球变暖呈非线性可用潜在的自我加强反馈机制来解释,如果一旦被触发,可能导致的影响会呈螺旋上升趋势而脱离人类的控制。或许最可怕的结果是使得封存在海底以及西伯利亚、欧洲北部和北美冻土中的甲烷(超过二氧化碳影响20倍的一种温室气体)被释放出来。气候变暖可能会触发快速解冻,从而使得数十亿吨封存的甲烷释放到大气中。大气中更多的甲烷会导致进一步变暖,将释放更多的甲烷。最终的结果可能是星球陷入不同于当前的新气候循环,许多更高级的生命形式(包括人类)将难以生存或不可能生存。

越来越多的证据表明全球气温变化应以单位摄氏度为基准,以大气中二氧化碳浓度为450ppm以及平均全球气温升高2℃为目标值或限制值的政策是不合适的。例如:最近的研究证实海洋在不断吸收大气中的二氧化碳,使得海水呈现酸性。② 过去的两个世

---

① Stephen Sitch et al. , "Impacts of Future Land Cover Changes on Atmospheric CO_2 and Climate," *Global Biogeochemical Cycles* 19 (2005), agu. org/pubs/crossref/2005/2004GB002311. shtml.

② Tsung-Hung Peng et al. , "Quantification of Decadal Anthropogenic CO_2 Uptake in the Ocean Based on Dissolved Inorganic Carbon Measurements," *Nature* 396 (1998): 560 – 563, nature. com/nature/journal/v396/n6711/full/396560a0. html.

纪里，使用化石燃料和生产水泥释放的二氧化碳约有一半是被海洋吸收的。这导致了海洋 pH 值的下降。海洋的酸度在短时期内——几十年而不是数百年的时间——会对海洋环境产生灾难性影响。海水中，碳酸钙呈不饱和状态不利于甲壳类生物体骨骼和贝壳的生长。这些生物体是水生生物食物链的关键部分；因此，海水中的一切生命体都会受此影响。考虑到海洋已经吸收了大量的二氧化碳，我们已经开始致力于不可逆转的海洋酸化的治理。海洋的 pH 值重新达到平衡可能需要几千年，甚至上万年的时间。

海洋酸化再次证明了令人困扰的事实，那就是"全球变暖"不是简单的或是线性的。相反，温室气体排放的后果是复杂的、相互作用的、影响深远的，而不仅仅是我们所习惯的冬季和夏季温度升高 1℃ ~ 2℃。我们会遭遇更猛烈的风暴、海平面上升、生态系统崩溃、疾病暴发、物种灭绝，农业生产面临严酷挑战，甚至更多。几个世纪以来，我们已经致力于消除环境损害。

如果我们看到了一些最重要河脉的源头——世界的海洋食物链、北极冰层和冰川发生的根本性变化，我们是否还会去纠缠大气温室气体浓度（450ppm 代替现行的 390ppm）以及高出工业化前的 2℃，而不去关注气温仅仅升高 1℃ 所带来的这些影响？

汉森和其他 9 位合作者在最近发表的一篇文章中写道，"大气中二氧化碳的目标浓度：人类的目标应该在哪？"汉森质疑了 450ppm 的目标值并提出了新的观点：[1]

我们当前的分析表明人类必须为温室气体制定一个更低

---

[1] James Hansen et al., "Target Atmospheric CO_2: Where Should Humanity Aim?" *Open Atmospheric Science Journal* 2 (2008): 217 – 231, bentham.org/open/toascj/openaccess2.htm.

的标准。地质气候资料和持续的全球变化表明"慢"气候反馈过程不包括在大多数气候模型里,如冰层解体、植被迁移以及土壤、苔原或海洋沉积物中的温室气体的释放,而事实上这些反馈过程在本世纪甚至更短时间内可能开始发挥作用。快速持续的气候变化和地球的能量失衡意味着更多的温室效应一触即发,这增加了温室气体危险水平调查的紧迫性。我们使用地质气候资料分析表明,从长期来看,气候对其强迫度具有高灵敏性,目前全球平均二氧化碳浓度为385ppm已经处于危险区间……随着北极冰层的持续变化,例如地质气候的快速变化以及上述提到的其他指标都迫使我们考虑如何使二氧化碳浓度迅速回到350ppm甚至更少时的情景。

在这篇文章的基础上,更多新发现在继续着,气候问题活跃分子们,例如比尔·麦基宾(Bill McKibben)和乔治·蒙贝尔特(George Monbiot)也已开始呼吁更严格的目标值——350ppm 以作为大气中二氧化碳浓度的目标值,并且到2050年之前全球二氧化碳的排放量必须百分之百地减少。[①]

这种方法比从化石燃料资源耗竭角度来考量碳排放量减少更加迅速且效果显著。

进一步来说,基于化石燃料耗竭以维持全球气候的观点将引发严重的危机:如果公布的新的、更低的煤炭储量估计值被发现是错的该怎么办?显而易见,世界上的石油和煤炭储量仅是所有资源中的一部分。如果能发明一种方法在某种程度上将剩余资源的大部

[①] Bill McKibben, *The End of Nature* (Random House, 1989), and George Monbiot, *Heat: How to Stop the Planet From Burning* (South End Press, 2007).

分转化为储备,这可能会导致大气中二氧化碳排放量显著增加。

这种危机同时延伸至非传统的矿物燃料,如焦油砂、页岩油和甲烷水合物。这些资源的开发潜力通常被夸大,因为现行技术对焦油砂的萃取速率非常缓慢,而且也未能对页岩油和甲烷水合物进行商业萃取。然而,使这些资源能够大规模被提取的新技术也是有可能出现的。如果严格的排放政策不到位,其对全球气候的影响将是巨大的。

总之,人类社会面临着这样一个难题:除非非化石能源资源发展得特别快,或者除非社会能够找到一种好的方法在很少能量损耗的情况下正常运转,否则高品质燃料(天然气和石油)的耗竭将意味着为获得更多的能量将要燃烧污染更严重的燃料,而且为获得等量的能量需要燃烧相同比例的更多此类燃料。

因此,对于问题"煤、石油和天然气的耗竭能解决气候变化吗?"答案非常明确,"不能"。

气候变化能解决煤炭峰值问题吗?

一些峰值分析家认为石油、煤炭、天然气的耗竭会使气候变化停止,气候活动家则持相反观点。虽然化石燃料产量的峰值出现以及其后的下降无疑产生重大的社会后果,然而与气候变化对潜在生态系统的影响相比,这些都显得微不足道。石油峰值可能会导致全球经济的崩溃;气候的变化同样如此,地球生态系统以某种方式毁灭只需要几千年,而其恢复则需要数百万年。

但是,如果我们通过减少化石燃料的消耗来积极应对气候变化,结果就非常明显,我们对化石燃料的依赖度会下降——同时

第6章 煤炭和气候

也解决了石油、天然气和煤炭峰值的问题。因此,我们所需要的是一个清晰的、持续的和富有活力的能源政策,即减少化石燃料的消耗从而减少温室气体的排放。

有一些证据可支持这个论点。尽量减少二氧化碳的排放量已经成为煤炭工业发展的共识,主要是在美国和欧洲(在中国和印度的程度不尽相同)。根据美国能源部2007年10月发布的一项报告[1],美国在2000~2006年期间提出的新燃煤电厂项目近90%被推迟或取消。2007年初提交的151条新燃煤工厂的计划到年底几乎一半被取消,还有许多被州政府阻止或因法院起诉而推迟。2008年7月,佐治亚州(Georgia)一名法官拒绝授予一个新燃煤电厂空气污染许可证,因为这个许可证没有设定二氧化碳排放的限制值。[2] 欧洲新燃煤电厂投建情况要好一些,只有高效燃煤电厂计划才会被提出来。

气候缓解的努力应集中于"碳排放总量控制与交易"(或"碳排放总量控制与红利"或"碳排放总量控制与分红"——这些替代制度是由一些经济权益活动分子提出的)或碳税。用来限制碳排放的这些政策将不可避免地减少化石燃料的消耗,因煤炭含碳量更高,因此对煤炭的影响更大。而未来建造的燃煤发电厂应具备捕获碳的能力,这样煤炭会被永久地埋藏在地底下(下一章将要讨论的技术),短期内,减少碳排放量简单来说就是减少煤炭的使用。

如果这些努力加速完成,就会减少对煤炭(和其他化石燃料)

---

[1] Erik Shuster, "Tracking New Coal-Fired Power Plants," National Energy Technology Laboratory, Office of Systems Analyses and Planning, (June 20, 2008), netl. doe. gov/coal/refshelf/ncp. pdf.

[2] Matthew L. Wald, "Georgia Judge Cites Carbon Dioxide in Denying Coal Plant Permit," *The New York Times*, July 1, 2008, nytimes. com/2008/07/01/business/01coal. html.

的需求，因此能够克服短缺问题和保持低价格。

但气候议题能够有效地推动政策的制定以面对能源缺乏难题吗？目前，全球煤炭消耗量仍在增长——事实上，消耗的比其他任何一种能源都要快。对于那些历经石油短缺和遭受居高不下能源价格的国家而言，它们能够为了子孙后代不受环境影响而放弃相对来说比较便宜的取自煤炭的能源吗？

从气候科学家和积极分子的视角来看，这是毫无疑问的：社会减少化石燃料的消耗导致的经济阵痛，难以与肆无忌惮的气候变化带来势不可挡的灾难相提并论。然而，政策制定者可能会用一种完全不同的视角来看这些证据——贴现未来，谋利当下。

在金融市场，贴现率是股市分析师常用的一项指标，是指将未来支付改变为现值投资的利率。华尔街前投资经纪人内特·哈根斯是这样描述的：

> 设想一家公司计划在10年内销售一种产品，在这之前他们赚不到钱，但那之后可以赚到1亿美元。投资家们会对这家公司投多少钱？肯定是少于1亿美元，那笔钱不可能保值10年。他们会评估一下10年以后获得那1亿美元面临的风险，然后决定一个合适的投资回报率，大概每年为15%。按每年15%的折扣计算，1亿美元折算后为0.2475亿美元——这就是他们现在需要支付的数目。

哈根斯认为贴现率的提出是基于人类的基本心理，或许还与我们的基因和神经系统有关。我们本能地将可能或虚拟的未来价值放在当前来呈现。

气候变化的相关性——以及其他环境问题，比如资源耗竭——是清晰的：我们倾向于将未来的成本贴现（如冰河融化的影响）。因此，要求社会忍受现在的痛苦以避免未来承受更大痛苦将会困难重重。为了说服我们现在就采取行动，必须让大家相信现在的痛苦是轻微的，而未来要承受的痛苦是巨大的。

本世纪初，随着全球经济蓬勃发展，许多国家的政策制定者对气候变化给予了一定的关注。国家元首协商、讨论应对策略并制定相关协议。今天，能源缺乏削弱了国家经济，由此带来的阵痛真实且还在持续，有充分的证据证明以未来气候变化为代价来满足当前燃料的需求，无视碳排放密集的趋势确实出现了。

在欧洲，虽然一些顶级气候专家们发布了关于碳排放影响的严重警告，意大利却正计划提高对煤炭的依赖，使煤炭占总能量的比例由14%提高至33%。整个欧洲大陆，计划在接下来的五年内建立大约50个新的燃煤火力发电站。新的煤炭市场繁荣的动因非常清晰：天然气价格升高。截至2020年，德国计划建27个新的燃煤电厂，其中许多电厂是用褐煤做燃料的——每吨褐煤燃烧将会产生1吨二氧化碳的排放。[1]

在美国，尽管近年来取消了许多新燃煤电厂项目，国家矿业联合会计划2030年前国家54%的电力仍要通过燃煤获得，高于目前的48%。

在其他方面，资源耗竭相对于气候政策看似更有效。能源价格攀升使得碳排放税政策难于实施；天然气变得越来越昂贵以及电网实行电力管制使得紧缩煤炭资源更难以执行；柴油价格升高使得用煤炭来制造液态燃料变得越来越具有吸引力。

---

[1] Elisabeth Rosenthal, "Europe Turns Back to Coal, Raising Climate Fears," *The New York Times*, April 23, 2008, nytimes.com/2008/04/23/world/europe/23coal.html.

应对气候变化能够解决由煤炭、石油和天然气的耗竭以及严重的短缺所带来的经济问题吗？原则上也许可以，但在现实中，更大的可能性是能源短缺引起政策制定者和普通公民同等关注，因为这是一场迫切的、不可避免的危机。结果是：随着短缺情况加重，即使是气候变化带来的影响在逐渐恶化，对气候政策的支持也会逐渐减弱。

一种组合方法

显然，世界需要能够同时成功地解决气候变化和燃料短缺的能源政策。要想设计并实施这样的能源政策，唯一的办法就是让两者同时被认知并且都从战略性的理智角度来考虑。

如果政策制定者仅仅关注其中的一个问题，他们制定的一些策略可能会加剧其他危机的发生。例如，一方面，一些行动可能会降低石油峰值的影响——如开采焦油砂或页岩油，或将煤炭转换为一种液体燃料——但仍将导致二氧化碳排放量增加。另一方面，一些行动旨在帮助减少碳排放——如碳封存或碳税——这会使得能源越发昂贵，从能源缺乏和价格高的视角来看将会成为政治问题。

不过，有许多政策是有助于同时解决这两个问题的——包括发展可再生能源或降低能源消耗所作的一切努力。

出于战略目的，了解我们人类对未来出现局面的偏好是非常重要的。我们必须评估哪种威胁来得最快，并确保我们为回应这些直接需求所作的疯狂努力不会导致问题的进一步恶化。石油峰值显然是目前最直接的能源和资源的威胁，政策制定者必须马上

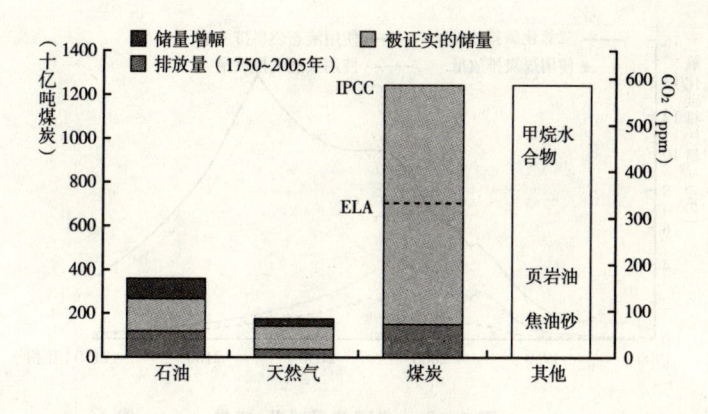

图 6-1 化石燃料储量

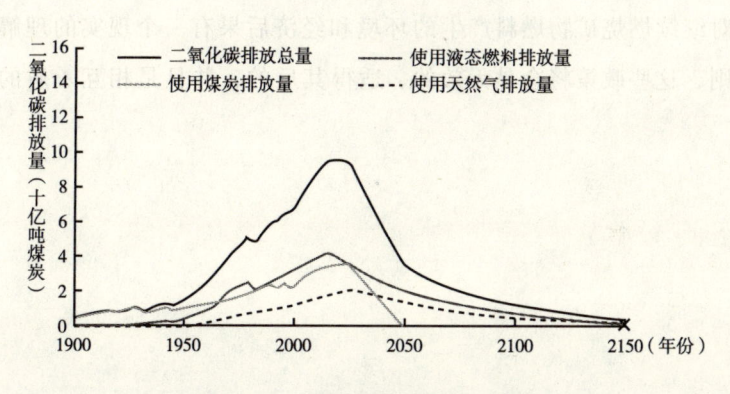

图 6-2 "逐步淘汰煤炭"情景

处理这一问题。气候变化问题和煤炭峰值问题相对而言不是那么紧迫。但是，所有的问题都必须认真对待，我们要做的不是将一种危机转为另一种危机，更不是让新产生的危机变得愈发不可收拾。

如果能源缺乏能够在发生气候恐慌之前就迫使政策发生改变，那么也许世界先驱们会发现对燃料本身实行限量供应比控制其所产生的排放量更有意义。在任何情况下，它将帮助每个人对煤、石油、天然气储量和未来产量的最高限度有一个清楚的认识，同

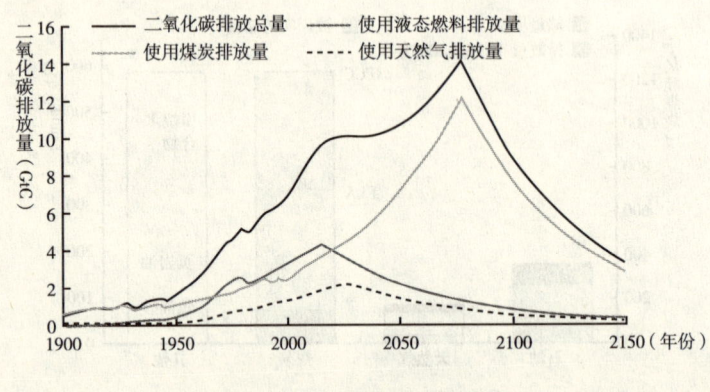

图 6-3 "照常营业"情景

时对继续燃烧矿物燃料产生的环境和经济后果有一个现实的理解。否则，这些政策将会是无效的、适得其反的，并且是相互矛盾的。

第7章
新的燃煤技术

就煤炭而言，无论是开采还是消费的未来情形均取决于新技术的发展。如果部署成功，创新的技术可以使煤炭在地下开采过程中不被气化；可以减少煤炭的二氧化碳排放量；或者可能让煤炭替代天然气或石油。如果没有这些技术，煤炭很可能没有未来。这些技术能否发展？经济性如何？有效吗？

本章中讨论的技术有一些名称较为罕见，因此，我们按照惯例用首字母的缩写来称呼它们：集成气化联合循环技术、煤制油技术（Coal-to-Liqinds, CTL）、煤炭地下气化技术（Underground Coal Gasification, UCG）和碳捕获与封存技术（Carbon Capture and Storage, CCS）。

许多能源专家认为这些技术在很大程度上标志着未来几十年世界能源的发展路径。

集成气化联合循环技术

在这些技术中，煤的气化问题是一个永久的话题。一旦煤变成气体，气体可以燃烧驱动涡轮机发电，或者也可以制成液体燃料、各种有用的化学物质或者肥料。碳可以从天然气中剥离进而被掩埋，从而减少燃煤对气候的影响。

在大多数情况下（煤炭地下气化除外），气化常常是将所有的物质加入气化炉中，包括煤、水和空气。热量和压力可使煤炭变为"合成气"（一氧化碳和氢气的混合物），同时产生灰和炉渣等固体废物，这些副产品可用于生产混凝土或建造路基。

炽热的合成气必须通过热交换器、微粒过滤器和淬火室来净化污染物（包括硫化氢、氨、汞和颗粒物），同时也达到将合成气冷却到室温的目的。木炭床能捕获超过90%的合成气汞（使用过的木炭被发送到一个危险废物填埋场）。最后，硫杂质在酸性气体净化阶段被分离出来的，产生硫酸或硫元素，这些可作为副产品出售。

之后，集成气化联合循环电站使用合成气来发电，工厂被称为"集成"是因为合成气本来就是工厂生产出来用于实现预定目标的（即驱动涡轮发电机发电），用这种方法可以进一步优化产品。"联合循环"是指使用燃气去驱动涡轮发电机，而涡轮发电机的余热可传递给一个蒸汽涡轮机系统。这样，合成气的能量可被充分、有效地使用。

效率是非常重要的，这不仅仅是自身利益问题（能源的有效性总归是件好事），而且从成本的角度来看也是必要的：气化煤的

成本昂贵，所以如果使用集成气化联合循环技术的电力考虑成本竞争力的话，成本的节约必须来自于整个过程的效率优势。[还有一种可能就是从一个传统的燃煤电厂捕获余热，最简单的做法就是将热空气通过管道输入写字楼和住宅楼。无论是使用煤或其他燃料，这个过程都被称为"热电联产"（combined heat and power，CHP）。]

相比于常规燃煤电厂，集成气化联合循环技术的优点包括具有更高的热效率（使用集成气化联合循环技术的电站使用更少的煤，二氧化碳和其他污染物的排放量比常规电厂低得多），以及产品具有灵活性：煤的气化使生产的产品不仅仅有电力，还有很多的工业用化学品和副产品（包括运输燃料——后面会提到"煤制油"）。集成气化联合循环技术被认为是形成以氢为中心的经济体的途径，因为合成气是一种氢源。最后一点，使用集成气化联合循环技术的电厂的碳捕获与封存比常规燃煤电厂要更容易和便宜些。

在清洁煤炭能源示范项目的帮助下，美国于20世纪90年代建造了三个示范工厂[1]［位于印第安纳州西特雷霍特的沃巴什河电站（Wabash River Power Station in West Terre Haute）；位于佛罗里达州坦帕市的波克电站（Polk Power Station in Tampa，Florida）；位于内华达州里诺市的Piñon Pine（Piñon Pine in Reno，Nevada）］。到2008年只有两个使用集成气化联合循环技术的电厂仍在经营。里诺市的示范项目失败了，研究人员发现当时的集成气化联合循环技术在海平面300英尺（100米）以上的地方不起作用，原因在于高海拔的低气压导致气化过程效率低下。

---

[1] National Energy Technology Lab, Department of Energy, "Clean Coal Demonstrations," netl. doe. gov/technologies/coalpower/cctc/index. html.

这些第一代使用集成气化联合循环技术的电厂比常规燃煤发电厂对空气污染更少些，但是对水资源的污染更严重。

在美国，新一代使用集成气化联合循环技术的电站正在规划和审批中，由怡东能源公司（Excelsior Energy）、AEP 公司、杜克能源公司（Duke Energy）和南方公司（Southern Company）推动。一旦顺利通过，预计 2012 年到 2020 年之间能够上线。

集成气化联合循环技术的主要缺点就是成本高。美国能源部估算出 2005 年的一个集成气化联合循环技术电厂成本是每千瓦装机容量要花费 1491 美元，同期一个传统煤炭电力站每千瓦装机容量则只花费 1290 美元。① 然而，以怡东能源的马萨巴（Mesaba）项目为例（一个位于明尼苏达州北部的集成气化联合循环厂，预计在 2012 年开始运营），每千瓦装机容量的实际投入可能要超过 3600 美元。营运成本也很高，即使是没加入碳捕获与封存技术，也是传统的燃煤电厂的近两倍。此外，明尼苏达州商业部已得出结论，马萨巴工厂的污染状况并不会好于一个标准的煤炭电力站。② 德尔马瓦（Delmarva）和一位国家顾问通过对特拉华州使用集成气化联合循环技术的电站的分析得出几乎相同的结论。

成本高也许是近期美国政府撤销其低排放煤气化项目的重要原因，这一项目原本期望能促进美国能源部和 12 个美国和国际能源的非营利财团之间的公私合作伙伴关系。③〔伊利诺伊州的马顿

---

① US Department of Energy, "Electricity Market Module," Report DOE/EIA -0554 (2008), (June 2008), eia. doe. gov/oiaf/aeo/assumption/pdf/electricity. pdf#page =3.

② Dr. Elion Amit, "Public Rebuttal Testimony and Exhibits," filed on behalf of the Minnesota Department of Commerce, (October 2006), mncoalgasplant. com/puc/05 - 1993%20pub%20rebuttal. pdf.

③ Mark Clayton, "US Scraps Ambitious Clean-Coal Power Plant," *Christian Science Monitor*, February 1, 2008, csmonitor. com/2008/0201/p25s01 - usgn. html.

(Mattoon)经过与得克萨斯州和伊利诺伊州的另一地区的激烈竞争，获得了建造使用集成气化联合循环技术的电站的审批］。

其他国家也有某种意义上更为先进的经验与技术。目前发电2.5亿瓦特的荷兰布艮怒电站（Buggenum）使用约30%的生物质原料作为煤炭原料的补充［荷兰政府支付工厂主农（Nuon）一定的奖金作为其使用生物质做原料的激励］。农目前正在建另一个13亿瓦特的使用集成气化联合循环技术的电站，将于2011年竣工。[①] 其他以炼油为基础的集成气化联合循环电厂建在西班牙的波多雅诺（Puertollano）［由艾尔科伽电站（Elcogas）1998年开始经营］和捷克弗莱索瓦（Vresova）［由索科洛夫斯卡·尤尔纳（Sokolovska Uhelna）1996年开始经营］，另外意大利和德国还有几个，葡萄牙有一个。更多的欧洲集成气化联合循环电站正分别由英国的森特里克公司（Centrica）和德国的欧翁公司（E.ON）和莱恩集团RWE规划着。

20世纪90年代初以来，日本一直在建集成气化联合循环技术试验厂，并于2007年在中野（Nakano）委托建一个新的示范工厂。

虽然成本高是集成气化联合循环技术广泛采用的最大障碍，但是大多数能源公司的高管都认识到碳调控的规制即将颁布。使用集成气化联合循环的电站添加碳捕捉设备将会增加约30%的电力成本——略低于天然气厂，比煤粉电厂的成本高出不到一半。这种更便宜的碳捕获潜力使得许多分析家认为：碳规制世界中，集成气化联合循环技术将会是一个保持煤炭成本竞争力的有吸引力的选择。

---

① Nuon, "Innovative Projects," nuon.com/about-nuon/Innovative-projects/magnum.jsp.

不过，不可回避的事实是使用集成气化联合循环技术的电力价格高于传统的燃煤电厂，加入碳捕获技术将进一步增加价格。对集成气化联合循环技术的未来纠结于如下问题：能源的可购性与碳中和哪件事情更重要？碳捕获技术能否按计划进行？实现规模化是否可行？它何时会被广泛使用？如果能源的可购性成为社会更关注的方面，或者如果碳捕获与封存技术无法成功且快速地研制出来，集成气化联合循环计划将会失败。

煤制油技术

在过去的几年里，世界石油价格盘旋上升，已经到了让世界经济、农民、卡车司机、航空公司和普通乘客都能感知到的严重地步。95%的世界交通设施都依赖于液体燃料；随着时间的推移和投资，汽油动力车可以逐渐被电动车所取代，但空中旅行、卡车和航运目前来说没有大规模的石油燃料替代物。

一种可能的解决方案就是将煤炭变成一种合成液体燃料以替代石油。毕竟，煤炭仍是廉价和丰富的资源，而且这种液化技术已经存在。

煤制油技术最初是由发达国家20世纪初开发的，第二次世界大战期间德国为应对盟军关闭其石油进口曾经使用过。1944年的使用高峰期，德国25个煤制油工厂每天能生产大约12.5万桶合成燃料，满足当时国家90%的需求。南非的种族隔离制度在20世纪80年代复兴，贸易禁运使该国面临石油危机。南非萨索尔公司是目前世界上最大的使用煤炭为原料的液体燃料生产商，日产量约为15万桶。

事实上,将煤制油技术开发投入使用仅有两次,并且两次都是在常规石油被切断、经济不乐观的情况下。2008年4月《石油和天然气》杂志上的一篇文章《煤制油技术在全球能源供应中的角色》指出,基于萨索尔公司的经验,目前生产一桶煤制油燃料的成本约为67~82美元,价格之差取决于煤和水的价格。[1] 假设目前石油价格远远高于上述成本,可以预见未来对煤制油技术的兴趣将增长。但是,建造煤炭液化厂的造价也是昂贵的——2005年时每桶的投资为2.5万美元,据美国国家科学院的说法,[2] 目前在建项目的每桶投资已经上升为12万美元[3]。

通常情况下,关于煤制油技术的经济性讨论常关注这个问题:石油价格上升到多高才能使煤制油技术具有竞争力?早在2006年,就有一项研究计算出如果石油价格为40美元1桶的话,煤制油技术就具有相当的竞争力[4],但自那以后,虽然石油价格已经超过那个水平,但是基础设施成本的上升同样影响了预估的煤制油燃料的生产价格。棘轮效应很可能会继续:当石油价格上升,煤制油工厂的建设和运营成本将同步上升。煤炭价格也会受此影响而持续上涨。当然,煤制油技术的成本竞争力不能被定义为一个静态的数字;盈亏平衡价格是一个动态目标——它通常会造成假象来

---

[1] Iraj Isaac Rahmim, "GTL, CTL Finding Roles in Global Energy Supply," *Oil & Gas Journal* 106, no. 12 (2008), ogj. com/articles/save_ screen. cfm? ARTICLE_ ID = 323854.

[2] David Gray, "Producing Liquid Fuels from Coal," (presented at the National Research Council Board on Energy and Environmental Systems Workshop on Trends in Oil Supply and Demand, Washington DC, October 20 – 21, 2005), nationalacademies. org/bees/David_ Gray_ Coal_ to_ Liquids. pdf.

[3] Dave Montgomery, "Liquefied-coal Industry Gains Energy," *McClatchy Newspapers*, August 22, 2008, mcclatchydc. com/260/story/50010. html.

[4] Mike Schaefer, "The World's Biggest Investors Moving into CTL," *Energy & Capital*, August 28, 2006, energyandcapital. com/articles/ctl-coal-energy/ 262.

使这项技术具有吸引力。

从能源的角度来看，除了能量含量之外，还要看看液体燃料的品质，这项技术才是有意义的，这个过程才是有意义的。因为将煤直接高效率地转化为电能以驱动电动车产生的能量是将其制成液体燃料推动内燃机汽车的三倍。

由于制造大型电动飞机是不可行的，即使这些燃料每BTU单位的价格上涨远远高于其他能源，航空业（包括军用航空）将继续需要液体燃料，所以煤制油燃料可能拥有一个长期市场。

两种不同的煤制油技术正受到关注。纳兹公司（Nazis）和萨索尔公司使用的工艺被称为间接煤制油技术，它需要在高压和高温条件下进行煤的气化，然后利用费托反应（Fischer-Tropsch）将合成气合成液体燃料。这第一道工序有时也被称为"煤气变油"或"煤的气变油"。中国神华公司正在开发另一种不同的工艺，称为直接煤制油技术，能够绕过气化阶段。

这两种工艺都有一个缺点就是煤制油的碳排放。间接煤制油技术过程中，煤炭中的碳元素大部分可在气化阶段捕获然后储藏，尽管这样会显著增加产出燃料的成本。然而，即使这样做，二氧化碳仍将会在液体燃料燃烧时被释放出来。

2007年美国政府问责办公室（US Government Accountability Office，GAO）对石油峰值的研究中发现煤制油存在重大问题：

> 这种燃料在美国以外的国家进行商业化生产，但所有的生产设施都没有考虑盈利性。能源部报告包括时间和金钱上的高投入阻止了煤炭的气变油技术在美国的商业化发展。具体来说，能源部估计煤炭的气变油转换厂的建设成本可能高

第 7 章
新的燃煤技术

达35亿美元,而且需要至少5~6年的时间才能建成。此外,潜在的投资者们对此也望而却步,因为建设该类项目所需时间长、不确定性大而且过程的高成本都带来了投资的风险。能源部的一位专家认为生产或运输煤炭所需的基础设施可能不足。例如,西部煤炭运输铁路网络已经在满负荷运转,出于安全和环境问题的考虑,扩大东部煤矿的生产能力的可行性有很大的不确定性。[1]

中国准备在煤制油技术上进行最快和规模最大的投资(见第3章),尽管许多项目最近因成本太高被取消。加拿大阿尔特NRG公司(ALTER NRG)已经上马了一个煤制油项目,使用该公司在阿尔伯塔省(Alberta)福克斯克里克地区(Fox Creek area)的煤炭资源来生产合成燃料和挥发油。该项目的目标是达到日产40000桶的生产能力,预计约需要45亿加元的投资。[2]

美国空军提供了蒙大拿州的基地作为一个煤制油项目的试验点。资金来自私营组织,但空军承诺将以确保利润的价格来购买燃油。国防部正在为空军机群制订最终燃料计划,将煤制油燃料和传统煤油混合,并在测试使用合成燃料的几架飞机的性能。每个煤制油炼油厂的耗资相当于一艘航空母舰的支出,以及相当数量的钢铁。

---

[1] United States Government Accountability Office Report to Congressional Requesters, "Crude Oil Uncertainty About Future Oil Supply Makes It Important to Develop a Strategy for Addressing a Peak and Decline in Oil Production," GAO – 07 – 283, (February 2007), gao. gov/htext/d07283. html.
[2] Green Car Congress, "Alter NRG Proposing Canada's First Coal-to-Liquids Project," article posted July 23, 2008, greencarcongress. com/ coaltoliquids_ ctl/index. html.

此外，康寿能源（CONSOL Energy）正计划在西弗吉尼亚州建造一个煤制油工厂，预定于2012年动工。目标是年产70万吨甲醇用作化学工业原料，此外生产约1亿加仑的液体车用燃料（或日产约7000桶）。① DKRW能源有限责任公司是由安然公司（Enron）四名前雇员创立的，旨在怀俄明州的美迪辛波（Medicine Bow）建造一个液化煤电厂，预计2013年启动计划。美国清洁煤燃料公司投资36亿美元于伊利诺伊州奥克兰的一家工厂，计划日产3万桶燃料，预计在2012年或2013年启动。②

目前，煤制油技术的发展在美国同时受到两个政党的支持，欧洲国家因其对气候的影响对此技术的态度较为谨慎。

煤炭地下气化技术

煤炭地下气化技术提供了可替代传统煤炭开采的方法，否则这些资源是不可能进行商业化的。其基本过程包括钻一口井通往煤炭层，往里面注入空气或氧气，再通过另一口井将气体引到地表面。然后，启动地下燃烧。自然条件下煤炭的通透性很低，不易让气体通过它，所以必须使用各种方法来使煤炭断裂。最近在方法上的改进包括钻井专用内接缝钻孔和一个可移动的注射点，这一技术由石油和天然气行业转化而来。

一旦气体被抽净，它可被净化然后用于生产化学品或液体的汽

---

① "Coal-to-Liquids-West Virginia Ready to Become a Global Leader," *Bluefield Daily Telegraph*, July 30, 2008, bdtonline.com/editorials/local_ story_ 212160804. html.
② DKRW Advanced Fuels, "Medicine Bow Fuel & Power LLC," dkrwaf.com/fw/main/Medicine-Bow – 111. html.

车燃料,或者用来发电。1868年,威廉·西门子爵士最早提出将废弃的和不易开采的煤炭就地进行气化,而无须先从矿中提取出来。[①] 按照这个思路,1912年在达勒姆郡(英国)进行首次实验,然而,由于第一次世界大战的开战,实验没能继续进行,直到第二次世界大战结束之后才在西欧重新开发煤炭地下气化技术。

然而,与此同时,苏联开始在20世纪30年代进行煤炭地下气化技术的研究,20世纪50年代和60年代在一些煤炭产区实现工业规模化生产。随后苏联发现了大面积且廉价的天然气资源,它对煤炭地下气化技术的兴趣下降了。今天只有一个在乌兹别克斯坦的工厂仍在运作。由于能源短缺,重建后的欧洲于1944~1959年之间对煤炭地下气化技术开始产生兴趣。研究聚焦薄层和浅层煤的气化问题。尽管有人试图于1958年在英国的纽曼斯皮内(Newman Spinney)推进商业化试点工厂,但是由于能源价格的下跌,20世纪60年代所有欧洲的煤炭地下气化工作都停了。

美国在1972年以俄罗斯的经验为基础开始实验煤炭地下气化项目。欧洲也于1989年重新燃起兴趣,欧洲工作小组对煤炭地下气化技术设计了一系列的试验来评估其商业可行性。这个试验分别在西班牙、英国和比利时进行,结果好坏参半。

1999~2003年,澳大利亚进行了煤炭地下气化技术试验,并已计划在不久的将来进行商业化;中国也启动了几个煤炭地下气化试验,其中的16个仍在继续。

已经有人广泛呼吁重视该项技术的发展潜力,这可将大量的煤炭资源变成储量。然而,现实情况是如果煤层具有特殊属性的

---

① William Siemens, *Transactions of the Chemical Society* 21, No. 279 (1868).

话,那么煤炭地下气化将是唯一可行的技术。它们必须在地下300至1900英尺之间(即100米至600米之间,最好超过1000英尺),煤层的厚度最好超过15英尺(即5米)。煤层必须有细小的、不连续的缝隙,并且附近没有大的含水层。煤炭本身必须含有低于60%的灰分。总而言之,符合这些条件的煤炭储量只占全世界的一小部分。世界能源理事会估计煤炭地下气化技术可使经济可采储量从区区6亿吨增加到8474.88亿吨。[1]

因此,虽然煤炭地下气化项目在扩大,相关技术也在展开,但是依然无法在全球范围内大幅提高可提取和使用的煤炭量。

碳捕获与封存技术

全球能源需求在增长,发展中国家尤其需要廉价的能源。与此同时,全球面临气候大决战在很大程度上是由于我们燃烧最廉价和最丰富的化石能源资源——煤炭。许多能源专家认为,打破僵局的办法只有一个:从煤炭中捕获碳元素并将其储存,就可以继续受益于煤炭这种廉价且丰富的能源。

在煤炭行业,大家关注到煤炭是气候问题的恶根,这有助于帮助他们关注自身产品生态性问题。对于主流环保组织,碳捕获与封存提供了一个可减少气候变化影响又不必呼吁减少煤炭消费的战略。看似既能使能源使用总量减少又能使保持经济增长成为可能——一个在政治上站不住脚的立场。联合国政府间气候变化

---

[1] The World Energy Council, *Underground Coal Gasification* (London: World Energy Council Survey of Energy Resources 2007), worldenergy.org/publications/survey_of_ energy_ resources_ 2007/coal/634.asp.

专门委员会也支持，提议碳捕获与封存有一天可以使碳排放量减少55%以上以避免全球变暖的进一步恶化。①

碳捕获与封存方法被煤炭和气候领域的科学家们所认可，同时也为政策制定者所青睐。较富裕的国家（如美国、澳大利亚、欧洲和日本）使用公共基金致力于推进该技术，期望随着碳捕获与封存的广泛应用，这项技术能够变得更便宜。这样的话，发展中国家，如印度和中国也可以负担得起。2008年初，G8能源部长会议在日本举行，呼吁将在2010年之前在全球推出20个大型碳捕获与封存示范项目。②

目前有三种不同类型的碳捕获与封存系统正在开发中：燃烧后处理，燃烧前处理，以及富氧燃烧。

燃烧后处理是将二氧化碳从传统电厂的烟气中分离，再由液体溶剂来吸收。该系统很好理解但实施成本很高。

燃烧前处理是指在气化炉中，碳只是部分氧化（见前面提到的集成气化联合循环技术），然后由此产生一氧化碳（CO）和氢气（H_2）组成的合成气，继而转化成二氧化碳和氢气。在氢气燃烧之前二氧化碳可以比较容易地捕获——氢气本身可用于工业生产或燃料运输。

富氧燃烧是指煤炭在纯氧中而不是空气中燃烧。为了将火焰温度控制到传统燃烧的火焰温度，冷却烟道气体（由二氧化碳和水蒸气组成）将二次循环并注入燃烧室。水蒸气通过降温凝结排

---

① Bert Metz et al., eds., *Carbon Dioxide Capture and Storage*, International Panel on Climate Change (IPCC), (Cambridge, England: Cambridge University Press, 2005), ipcc.ch/ipccreports/srccs.htm.

② Joint Statement by G-8 Energy Ministers, Aomori, Japan, June 8, 2008, enecho.meti.go.jp/topics/g8/g8sta_eng.pdf.

除，最后收集、运输和存储的几乎是纯的二氧化碳。这种方法能够从燃料中捕获最高比例的碳；然而，从空气中分离氧气需要耗费相当大的精力，如果采用这样一个系统，电力成本可能会很高。这种方法还可采用不同的处理办法——化学循环燃烧（Chemical Looping Combustion，CLC），这种方法目前还在研究中。它使用金属氧化物颗粒作为氧的载体；这些金属氧化物颗粒与煤炭反应生成二氧化碳和水蒸气，然后再到第二个阶段与空气发生反应，产生热量和再生金属氧化物颗粒。

捕获到的二氧化碳必须运送到合适的储存地点。这只能通过管道来完成。目前在美国已经有大约 4000 英里（相当于 5800 公里）长的二氧化碳管道，用于将二氧化碳运往油田。在油田，当自然油田压力减弱时，二氧化碳的注入可迫使油进入钻孔来维持生产水平。然而，二氧化碳的市场是有限的，也注定在未来几十年将萎缩，随着石油工业退出。为增加二氧化碳回收率而额外燃烧的石油刚好抵消了应用这种方法电厂减少的二氧化碳排放量，因此这种存储方法对于减缓气候变化不会有很大的帮助。

当大规模碳捕获形成，电力生产商将不得不支付二氧化碳的运输和储存成本。运输需要建设数千公里长的管道，同时存储需要钻探和其他基础设施投资。

目前，碳封存技术主要有两种：一种是地质封存，即在地层深处以气体形式存储（包括深盐沼池构造和枯竭的天然气田）；另一种是海洋封存，即在海洋中以液体和固态形式存储（二氧化碳与金属氧化物反应生成碳酸盐）。

地质存储，也叫地理封存，是将二氧化碳直接注入油田、天然气田、含盐层、不可开采的煤田以及深盐沼池。几个试点方案正在测试二氧化碳在非石油地质构造中的长期储存问题。

不可开采的煤田可用于储存二氧化碳,可将二氧化碳吸附在煤炭表面;然而,仅仅是那种有足够渗透性的煤层可达到此目的。潜在的好处是:当二氧化碳被吸收,煤炭会释放先前吸收的甲烷,甲烷可以回收和销售,这部分成本可抵消二氧化碳封存的一部分成本(然而,焚烧或释放到大气中的甲烷意味着碳排放量的增加)。

深盐沼池含有高浓度的矿藏盐水,常被用于存放化学废弃物。这些沼池存储潜力巨大,且在各地一般都可发现,因此可以减少待运二氧化碳的运输距离。然而,这些沼池的主要成分没有相关记载,所以每一个都要探讨和评估,增加了成本。

海洋封存可以通过"溶解"来完成——经固定管道或移动船只将 CO_2 注入并溶解于 1000 米以下水中,或者采用海洋沉积,经由深度 3000 米以下的海床上的沿海平台将其沉淀,此处二氧化碳的密度大于水的密度,会形成一个"湖",从而延缓二氧化碳分解在周围环境中;或将二氧化碳固化成碳酸氢盐(使用石灰石);或将二氧化碳储存在海洋,封存在固体化合物中(即甲烷水合物——甲烷气体和水分子形成的笼状结晶)。海洋封存对环境的影响可能是负面的(海洋已被酸化,这也是大气中二氧化碳浓度升高造成的结果),但没有实验来证实这些负面影响的程度。

矿产封存是通过自然界含镁、钙的矿物质与二氧化碳反应生产碳酸盐,固化成稳定的材料。这种原材料非常丰富。然而,这一封存过程在正常的温度和压力下进行得非常缓慢。加快这一进程需要投入大量的能源。

固化的二氧化碳会不会分解到环境中,分解的速率有多大?联合国政府间气候变化专门委员会已经评估了风险,得出结论:

对于精心挑选、设计和管理的地质封存场所，99%的二氧化碳可存留1000年以上。海洋封存，二氧化碳封存的稳定性取决于深度，30%~85%的二氧化碳在1000~3000米的深度下可存留500年。矿产封存不会构成任何泄漏的风险。[1] 然而，二氧化碳泄漏的赔偿责任问题已经在讨论中，得克萨斯州在这方面率先实现，已经通过一项法案主张州政府承担赔偿责任，并主张主权豁免（实际上，还未有在得克萨斯州提起的碳泄漏诉讼）。

实施碳捕获与封存的最大的问题是产生电力生产的附加成本，技术广泛应用需要相当长的导入期和一定的规模。

碳捕获与封存需要前期投资进行新的基础设施（包括管道）的建设，这也将增加电厂的经营成本。这些较高的成本将不可避免地产生高电价。GAO预测预燃清洁煤电厂产生的电力比传统的燃煤电厂生产的电力成本提高了78%，这还不包括碳排放的准入成本。[2] 将碳捕获与封存技术添加到现有的工厂（燃烧后处理）成本更加昂贵。

以上增加的财务成本往往会掩盖掉应用碳捕获与封存技术带来的更重要的能源成本：捕捉、移动和封存二氧化碳需要能量，这使得煤炭发电的过程不那么节能，况且，正在开采的煤炭的能量含量也在下降。例如，联合国政府间气候变化专门委员会估计一个使用矿物封存技术的电厂比没有使用碳捕获与封存技术的发

---

[1] Bert Metz et al., eds., *Carbon Dioxide Capture and Storage*, International Panel on Climate Change (IPCC), (Cambridge, England: Cambridge University Press, 2005), ipcc.ch/ipccreports/srccs.htm.

[2] United States Government Accountability Office, Report to Congressional Requesters, *Key Challenges Remain for Developing and Deploying Advanced Energy Technologies to Meet Future Needs* (Department of Energy, December 2006), gao.gov/new.items/d07106.pdf.

电厂需要多60%至180%以上的能源;因此,如果采用这种存储策略,煤炭消费量将增加一倍以上(考虑到所有的可能性),才能为社会实现等效的能源效益。

2006年12月GAO的报告中提到,"能源部和行业组织并没有证实煤炭电厂有能力对大规模捕获的二氧化碳进行长期存储"[1],能源部并没有奢望十年内可行性能被证明。虽然几个碳捕获与封存研究机构可能会在几年内使用,但是该技术的广泛商业化应用得在2035年之后了[根据美国参议院的证言,美国地质勘探局负责人马克·迈尔斯博士(Mark Myers)预测碳捕获与封存技术的普遍使用有可能出现在2045年][2]。

到那个时候,美国和世界煤炭生产量将走下坡路(假设能源观察小组的分析是正确的)。同时,社会需负担与煤炭相关的四种新的、相互联系的成本和风险:

◇ 新的碳捕获与封存技术需要大量投资;
◇ 由于枯竭,煤炭短缺,煤价上涨;
◇ 由于集成气化联合循环技术和碳捕获与封存技术的使用导致更高的发电成本;
◇ 由于使用碳捕获与封存技术发电效率降低,生产同量的电力需要更多的煤,电力生产的效率降低。

---

[1] United States Government Accountability Office, Report to Congressional Requesters, *Key Challenges Remain for Developing and Deploying Advanced Energy Technologies to Meet Future Needs* (Department of Energy, December 2006), gao.gov/new.items/d07106.pdf.

[2] Richard Bell, "Wanna Bet the Farm on Carbon Capture and Sequestration?" comment posted on Global Public Media, April 17, 2007, globalpublicmedia.com/richard_bell_wanna_bet_the_farm_on_carbon_capture_and_sequestration.

除了这些经济和能源问题，还需考虑企业实践应用的规模问题。需移动的二氧化碳数量惊人。目前关于封存二氧化碳最宏大的计划就是每年能处理 100 万吨的气体。若使燃煤排放能够很好地控制住，需将二氧化碳的处理设施扩大 1000 倍。

2005 年，全球每年化石燃料消费及燃烧产生的二氧化碳累积总量高达 282 亿吨。其中，约 40%，即 114 亿吨源自煤炭的燃烧。[①]

到底选择哪种碳封存的方法仍无定论（尽管基于成本因素考虑，矿产封存方法已被排除）。假设二氧化碳液化和封存于零摄氏度（32 华氏度）和 200 个大气压之下（即每平方英寸 2940 磅），此时液体的密度为 1050 公斤/立方米。这比水的密度稍高些（1000 公斤/立方米）。因此，用每年 114000 亿公斤除以 1050 公斤/立方米，即每年需要封存 109 亿立方米或 10.9 立方千米的液态二氧化碳。

从整体来看，世界每年的煤炭产量超过 50 亿公吨，这大约相当于 4 立方千米。世界每年的总采矿量为 170 亿吨。[②] 世界每年搬运土方（采矿业和建筑业等）估计有 300 亿~350 亿吨。[③] 假设地球的平均密度为 2500 千克/立方米，这相当于 30 万亿千克除以 2500 千克/立方米，即为 12 立方千米（可与需隔离的由煤炭排放的二氧化碳 10.9 立方千米相对比）。在对碳捕获与封存技术展开更大范围的讨论时，这个信息有助于计算每吨的美元数或每千瓦

---

① Energy Information Administration, *World Energy Overview*: 1995 – 2005（EIA, Report Released June-October 2007）, eia. doe. gov/iea/overview. html.

② Mining Journal Online, "Mining Explained,". mining-journal. com/html/Mining_Explained. html.

③ Climate Change Institute, "Human Impacts on the Landscape," The University of Maine, climatechange. umaine. edu/Research/Contrib/ html/22. html.

时的美元数。根据麻省理工学院最近的研究《煤炭的未来》,"美国煤电厂产生的二氧化碳中若60%被捕获且压成液态用地质封存技术封存,它的体积相当于美国日石油消费总量——2000万桶。"① 研究结果还表明,工业化生产的投资大幅上升说明当前建厂的时机已到,即使10~15年之后才知道到底该项技术能在多大程度上起作用。

曼尼托巴(Manitoba)大学的瓦克拉夫·斯密尔(Vaclav Smil)在最近写给《自然》(Nature)杂志的信中指出:我们需要处理的二氧化碳体积相当于世界原油流量的2倍,而这仅仅是2005年由大型固定污染源排放的1/4。②

仔细研究碳捕获与封存技术对经济、技术和基础设施带来的挑战,必然会得出煤炭或者是廉价或者是"清洁"的结论,两方面不可能同时满足。如果煤炭价格上涨,那一定是损耗和运输造成的,大多数国家都认为使煤炭变"清洁"增加的成本负担太重。

结　　论

倘若出现大量廉价的可用能源和技术就能创造奇迹。鉴于技术在过去的一个世纪给社会带来的巨大变化,崇拜技术也是可以理解的。在过去的仅仅20年中,计算机、手机和一系列的数字通

---

① James Katzner et al., "The Future of Coal: Options for a Carbon-Constrained World," Massachusetts Institute of Technology, March 2007. web.mit.edu/coal/The_Future_of_Coal.pdf.

② Vaclav Smil, "Long-range Energy Forecasts Are No More Than Fairy Tales," *Nature* 453, No. 154 (May 8, 2008, Correspondence), nature.com/nature/journal/v453/n7192/full/453154a.html.

信技术创建了新行业和财富,改变了我们的习惯,使词汇演化。计算机的发展一直遵循着摩尔定律,即处理器速度、内存容量,甚至数码相机的分辨率每两年都会翻一番。

将快速发展的通信技术向交通运输和能源生产等领域延伸是极有诱惑力的。但这些领域的技术变革速度在下降,价格在上涨,而且更明显地依赖于不可再生资源,如石油、天然气、煤炭和铁矿石的持续消耗。

这里调查的每项煤炭技术都承载着解决一个问题或几个问题的希望。它们中没有一个是灵丹妙药,可以弥补煤炭或其他化石燃料因高品位资源的枯竭而引起的长期产量下降;它们中的任何一个即便实施成功,也无法真正做到使煤炭对环境无害。除集成气化联合循环技术之外,这些技术在经济方面都是昂贵的,只有集成气化联合循环技术随着效率的提高可避免对社会施加新的能源成本。

时间会告诉我们这些技术中的哪一个将得以大规模实施。同时,一个老生常谈的问题依然存在:投资于新的燃煤技术意味着社会对煤炭的依赖度在增加,煤炭供应问题将更加突出。

第8章
三种情景

正如我们已经看到的,世界经济和地球气候的命运在很大程度上取决于煤炭。考虑到关于能源的其他限制,如果目前煤炭消费的趋势继续,将来会发生什么?这些趋势会如何改变?

在探讨这些问题之前,我们有必要回顾一下前面章节中的主要结论:

(1)世界煤炭供应报告几乎都受储采比的影响("我们还有150年的储量"),这些数据反复出现但对准确预测毫无用处。直到最近,一些分析家试图为全球煤炭峰值作预测,这些预测表明到21世纪中叶之前,全球煤炭产量有可能达到高峰,如果快的话2025年就会达到。

(2)中国几乎完全依靠煤炭来获得经济的快速增长,这是其经济—政治生存策略。但煤炭产量增长不可能持续很长时间。这将戏剧性地影响中国经济和政治稳定,以及全球地缘政治。

(3) 美国实际可产的煤炭数远远少于官方估计的数值,美国国家科学院 2007 年科学报告中提出的最新证据①,依然是高估了储备,这是历史上官方机构一贯的处理方法。

虽然不会有很快耗尽的危机,但是生产的煤炭质量正在下降且运输费用不断上升。这意味着煤炭供应出现瓶颈,电费将上涨。建新电厂的决定应考虑这些因素。

(4) 全球煤炭市场正在发生变化。现阶段是全球能源量增长最快的时期,出口商们做好资金准备以应对中国和印度的需求上升。然而,这种趋势跟接下来的一个正好相反。

(5) 在大多数国家,增加煤炭产量的最大制约因素是交通——缺乏足够的铁路网络和通航港口,运输煤炭的卡车数量也存在问题。煤炭运输问题在未来几年内将加剧,并导致液体燃料价格上涨。实际上,石油峰值的到来可能会加速煤炭峰值的到来。

(6) 所有这一切都对全球气候产生深远的影响。由于煤炭供应的制约,碳排放的最恶劣情况将不会出现。但对气候影响的可怕情景可能存在,因为我们可能低估了气候对二氧化碳排放量的敏感性这一事实。减缓气候变化的政策仍然是必需的,如果实施的话肯定对煤炭消费起制约作用。

(7) 新的燃煤技术(煤制油技术、碳捕获与封存技术、集成气化联合循环技术以及煤炭地下气化技术)对于煤炭的未来是至关重要的。一切都成问题,只是原因不同、程度不同罢了。除煤炭地下气化之外,煤炭供应限制将抑制所有技术的发展。煤炭地下气化技术原则上可以增加储备,但因为它特殊和不寻常的地质

---

① Committee on Coal Research, Technology, and Resource Assessments to Inform Energy Policy, *Coal: Research and Development to Support National Energy Policy* (Washington DC: The National Academies Press, 2007), nap. edu/catalog. php? record_ id =11977.

条件而无法实现规模化。

鉴于现实情况和发展趋势，我们可识别出未来30年将出现的三种典型的情景。模拟情景的目的是为了给规划和决策提供一些帮助，其重点不在于对具体的事件作出预测。当然，我们可以构建出无限个情景，但减少情景的数量更有助于目前的分析。我们需要作出若干假设。

首先，关于化石燃料产量高峰出现的时间，我们假设能源观察小组的结论是正确的，即2025年左右达到全球高峰。新发现的石油和天然气的格局假定是延续既定的下降趋势。化石燃料的提取技术将继续改进，但只能在很小程度上提高生产率。因此，全球石油生产量高峰将出现在2010年，全球天然气生产高峰出现在2025年，然而，某些资源短缺的区域（特别是在北美）会出现得更早。

可再生能源技术也作了改进，但是30年内能被普遍使用的颠覆性创新依然没有出现。

《气候变化经济学斯特恩报告》（*Stern Review on the Economics of Climate Change*）[布伦特福德（Brentford）经济学家斯特恩勋爵于2006年10月30日为英国政府公布的700页的报告]和联合国政府间气候变化专门委员会第一工作组的3份报告讨论了如何逐步降低气候变化的成本，提到一种方法即以减轻一单位碳的成本乘以所需减轻的数量。逐步降低成本的估算结果从占国内生产总值的1%到占国内生产总值的5%，历时40多年的时间。（例如，斯特恩指出，"……减缓气候变化从技术上和经济上可行的办法就是本世纪中叶花费大约国内生产总值的1%……"[①]）该方法被批评

[①] Nicholas Stern, *The Economics of Climate Change*: *The Stern Review* (Cambridge, England: Cambridge University Press, 2007), and Intergovernmental Panel on Climate Change, *Climate Change 2007—Mitigation of Climate Change*: *Working Group III contribution to the Fourth Assessment* (Cambridge, England: Cambridge University Press, 2007).

的理由是它忽略了在目前的情况下扩大核能或再生能源的难度。①因此,在所有三种情景中,已经考虑了可再生能源和核能的限制因素,也考虑到了可能从可再生能源和核能派生出来的净能源、碳捕获与封存消耗的化石燃料资源。

净能量值与可获得总能量值在经济分析中同样重要。能量必须不断地投资以获得更多,不管能源的性质或所采用的技术。社会依赖的净能量将用于生产、配送以及维修系统。如果所产生的净能量占能量总值的很大部分,这意味着社会努力的一个相对较小的部分必须用于能源的生产,因此,大部分的社会资源可用于其他目的。在农业社会中——产量低并且能量利润变化大——大多数的人口必须从事农耕以提供足够的能量来维护一个小的由经理、商人和士兵等组成的阶层。化石燃料时代早期的几十年中,总能量值和净能量值是通过挖掘和钻取而来的,这些燃料都是前所未有的。正是这种丰富廉价的能源使工业化、城市化和全球化在过去的两个世纪得以发生。勘探和钻探的微小投入就在能源投资上获得巨大的回报。但工业往往最先发现并提取质量最高且最易提取的煤炭、石油和天然气,因此,每过10年,化石燃料提取所得的净能量就会有所下降。在美国石油工业的初期,比如100∶1的能量净利润是普遍存在的,而据估计,美国目前的勘探只能产生略高于1∶1的能源回报。

此外,传统化石燃料的替代品的投资回报率一般比煤、石油或天然气各自鼎盛时期的要低很多。例如,从玉米中提炼乙醇估

---

① Ted Trainer, "A Short Critique of the Stern Review," *Real-World Economics Review*, 45 (March 15, 2008): 54 – 58, mindfully.org/Air/2008/Stern-Review-Trainer15mar08.htm.

计充其量能达到1.5∶1能量净值，[1] 因此它作为能量来源实际上是没什么用处的。太阳能和风能要好一些，能源投资回报率在10~15∶1的水平[2]。但是，太阳能和风能的可变性有限，这使得它不可能取代能源投资回报率为1∶1的化石燃料。[3]

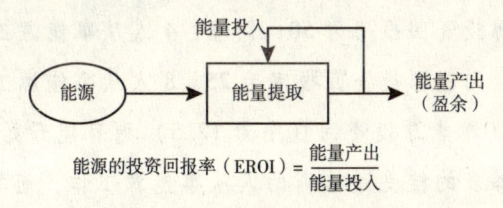

能源的投资回报率（EROI）= 能量产出 / 能量投入

图8-1 能源的投资回报率

随着可向社会提供的净能量的减少，约束的增加会影响经济的发展，以及适应策略（这需要新的投资——例如，更多的公共交通基础设施建设），社会需进行部署以应对能源短缺。将有更多的社会资源用于直接获取能量而非制造能量。需要注意的是必需品成本的上升与非生产领域就业机会的减少。接下来的情景不考虑如战争、革命等潜在的政治事件或自然灾害。虽然这样的事件几乎肯定会发生，程度或时间则是不可预测的。

考虑一下社会上从事能源生产的人的数量。如果能源的投资

---

[1] High Plains/Midwest Ag Journal, "Energy Balance of Corn-Based Ethanol Even More Favorable Than Early Estimates," October 3, 2008, hpj.com/archives/2008/oct08/oct13/Energybalanceofcorn-basedet.cfm.

[2] Charles Hall, "The Energy Return of (Industrial) Solar-Passive Solar, PV, Wind and Hydro (5 of 9)," The Oil Drum, comment posted by Nate Hagens April 29, 2008, theoildrum.com/node/3910.

[3] Ted Trainer, "A Short Critique of the Stern Review," *Real-World Economics Review*, 45 (March 15, 2008): 54–58, mindfully.org/Air/2008/Stern-Review-Trainer15mar08.htm. See also: Ted Trainer, *Renewable Energy Cannot Sustain a Consumer Society* (Springer, September 26, 2007).

回报率是 1，意味着每个人都会参与到能源生产中来，没有人会去顾及社会的其他需求。如果能源投资回报率为 100，指有 1 人从事能源生产，99 人在做其他的事情——盖房子、教学、照顾病人、做饭、销售房地产等。如果有 2 人是能源工作者，98 人做其他的事情，即能源投资回报率为 50；同理，4 人从事能源工作，96 人做其他事情，则能源投资回报率为 25。8 人从事能源工作，92 人做其他事情（即能源投资回报率为 12.5）则可能开始出现问题，很难找到足够多的接受过培训的人从事能源工作，而其他人建立供他们工作的工具和基础设施（钻井平台或工具用于制造太阳能电池板）。如果 16 人从事能源工作而 84 人做其他事情（即能源投资回报率为 6.25）问题的严重性就会变得很明显，因为 84 人可能不够提供 16 人的所需，尤其是考虑到现实中一多半的人口是儿童、老人和残疾人。如果是 16 人从事能源工作，且由 42 人提供其他服务，则工业社会不可实现。

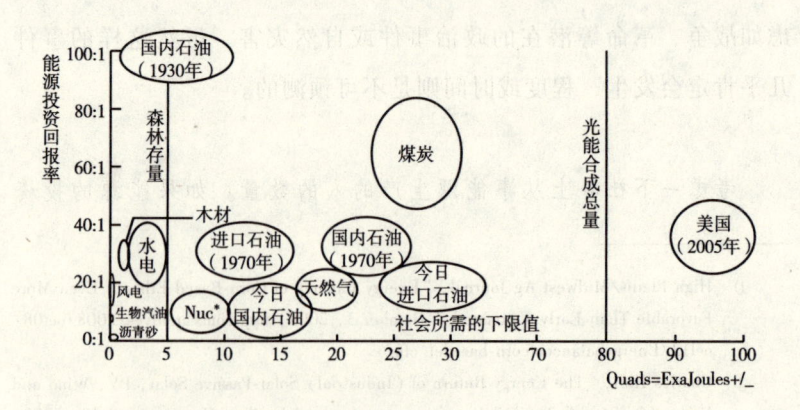

图 8-2 有关能源投资回报率与不同能源的情况

现代工业社会需要的能源，两个属性都高（位于图的右上角）。不幸的是，大多数可再生能源受这个或那个参数的限制，从而占据了图的左下侧区域。

* Nuc 是计算运价的单位，Neutral Units of Construction。——译者注

第8章 三种情景

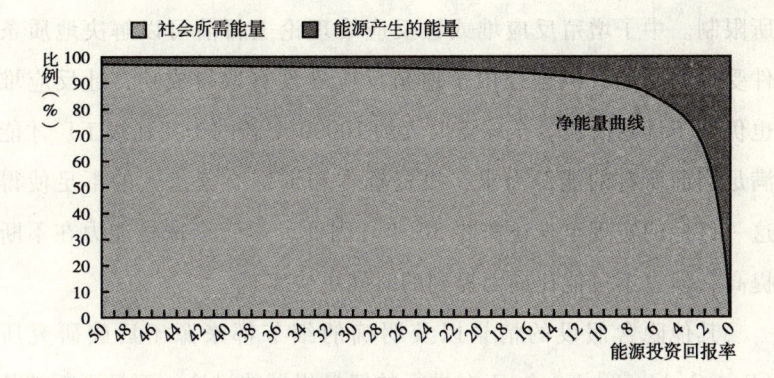

图8-3 社会所需能量占能源生产能量的比值

考古学家林恩·怀特（Lynn White）估计狩猎时期社会净能源基数是10∶1[①]。因为狩猎—采集社会在技术和社会组织方面都是最简单的人类群体，10∶1或许可视为维护人类生存的最低平均能源投资回报率（尽管有一年或两年，人类群体可能为了生存偶尔有低的能源投资回报率）。由于工业社会复杂性更高，其最低能源投资回报率必须大幅提高。[②]

假设的情景不是为了预测燃煤对气候产生的特定影响，虽然情景Ⅰ比情景Ⅱ和情景Ⅲ的影响更糟。

既然我们不考虑政治和环境等不测事件（大部分会使事情变得更糟），把三种情景中的任何一个视为"最坏的情况"便是错误的。

这三种情景都没有把核电作为主要的能量来源，是由于建造一个电厂需要较高的初始投资成本和很长的时间，同时也为地质

[①] Lynn White, *The Science of Culture*, (New York: Grove Press, 1949).
[②] See Adam Dadeby, "Should Eroei Be the Most Important Criterion Our Society Uses to Decide How It Meets Its Energy Needs?" The Oil Drum: Europe, comment posted August 20, 2008, europe.theoildrum.com/node/4428.

所限制。中子增殖反应堆或钍反应堆理论上目前可以解决地质条件受限的问题，但至今中子增殖反应堆没有取得成功，钍反应堆也仍处于计划阶段。全球需要大约10000个新的千兆瓦级工厂才能满足当前所有的能源需求，投资资本和训练有素工人的不足使得这一目标的实现至少还需要30年。因此，尽管全球核能力在不断提高，但也不可能比前面提到的时间更快实现。

其他隐含假设的情景以及明确的细节都来源于后碳研究所（Post Carbon Institute）正在进行的情景规划的讨论，而且不断被其他组织和分析师加以建模计算。

情景I 燃烧率最大化

燃烧率最大化（Maximum Burn Rate）的前提条件是现有消费和消耗趋势影响到未来规划，而且这个过程中没有颁布政策来缓解或改变这些趋势。

在这种情景下，工业化国家和处于工业化进程中的国家尽一切努力通过传统方式来保持经济增长。传统方式指的是通过能源和原材料的消耗实现经济增长。他们继续燃烧大量的煤炭，希望经济增长使其最终过渡到一个更加可持续的能源机制，从而更加公平地分配商品。这些国家提高效率的努力完全由市场机制驱动，如石油价格的上涨。

30年后，可再生能源（不包括水电和木材供热）增长迅速，到那时对能源的贡献会是现在的5倍，或占世界总能源的5%（这个数字是假定化石燃料的能源贡献为常数），总投资额折合为现在的10万亿美元。核能将翻一番，需要3万亿~9万亿美元的投资（200个旧电厂会在此期间退出市场，而600个等效容量的新工厂会建起）。最后，核能将占世界总能源市场份额的12%（目前的份额为3%）。①

随着石油变得越来越稀少和昂贵，许多国家（以中国和美国为首）转向采用煤制油技术来提供合成液体燃料，尤其是为军事和航空运输目标服务，并利用煤的气化提供可替代化学品和氮肥生产原料。还有一个原因是电动汽车需求的爆发，增加了对电力的要求。所有这些事态发展都使得对煤炭的需求日益增加，并加剧了煤炭资源的短缺和煤炭价格的上涨。这个情景以10年为一单元，以下展示了30年的情况。

2010~2020年：随着全球石油产量在2010年达到了顶峰，高价石油引发了所有的后续事件。石油价格迅速上涨影响了整个经济体，其中，对交通运输和农业部门影响最严重。

早在十年前，由于实施煤制油技术和电动汽车需求扩张，煤炭需求开始显现上涨趋势，在2015年前这个趋势都不是太明显。在之后，上涨的速率会加快，煤炭价格面临大幅上涨的压力。

中国和印度对煤炭的需求上升（加上供应不稳定）导致了煤炭市场的日益国际化。即使是像美国这样储量大的主要煤炭生产国都很难保持较低的国内价格去对抗国内需求与出口需求的竞争。

运输成本的上升（由于石油枯竭）同样会提高国际和国内的煤炭价格。

同时，高运输成本使制造业回归北美和欧洲，对于以出口为基础的亚洲非常不利。实际上，全球化进程开始倒退。

煤炭消费者左右为难：如果更多的运输燃料由煤炭制成会降低运输成本，那意味着煤炭需求增加且价格变得更高；但如果不

---

① World Energy Council, *2007 Survey of Energy Resources*, 235.

做这种努力或努力没有成功的话，也意味着更高的煤炭价格（由于运输成本较高）。如果电动车激增，意味着更多的电力需求、更多的煤炭需求，煤炭价格也会升高。

这十年内，中国煤炭生产将达到峰值，引发严重的停电事件。印度的情况可能会更糟，2008年煤炭供应问题已经凸显。两国经济都因能源短缺而下滑，同样，美国和欧洲的出口货物需求大幅下降。巴基斯坦、孟加拉国、尼泊尔和一些岛屿国家以及一些非洲和中美洲国家境遇更坏：在这些国家，十年内由于能源短缺和高粮价，可能发生社会动荡。

美国生产更多的煤，至少在这十年的头几年，向亚洲出口更多的煤炭，这加速了美国国内的煤炭产量达到峰值。

由于制造业回迁，尽管美国经济有所提振，更高的能源成本使得物质生活标准在急剧下降。

2020～2030年：煤炭变得更加昂贵和稀少，因为中国和印度的产量下降对国际出口供应造成额外的压力。

在这个十年的后期，美国的产量开始下滑。由煤炭产生的能量值在不断下降，尽管生产量和生产成本在增加。

其他国家遭遇同样的困境：不仅仅是全球煤炭总产量的回落（大多数情况下都在下降），而且来自煤炭生产的净能量也在明显下降。换句话说就是供应停滞（在中国和印度是呈下降态势），为了通过煤炭生产提供一个稳定的可用能量，社会所需的煤炭量越来越大。此外，可用于出口的煤炭量在迅速下降，因为煤炭生产国国内的消耗量在加大。

与此同时，世界石油和天然气的生产急剧下降，可供出口的数量低于2010年水平的一半。所以只有那些出产石油的国家，有相当的储量用于国内的运输、制造或供热。因此，煤炭的气化和

液化产品的需求迅速增长。

到这个时期,所有的新汽车都是电动的,尽管由于全球经济收紧导致对新车的需求急剧下降。远程化办公已经普及,但由于电网停电已被证明是不可靠的。

客运航空业、空运和军用飞机的运行,在很大程度上依赖于煤制油和可能存在的一些先进的生物燃料形式。然而,飞行量是以往的很少一小部分。只有昂贵奢侈的旅行才采用飞行,货物运输绝大部分还是通过水陆交通。

持续的电网停电严重波及美国和欧洲。这是由于电网基础设施老化和没有投资升级造成的,煤炭和天然气供应不足也是原因,缺乏可靠的电力供应对经济活动造成了破坏性的影响。富裕者能利用太阳能电池板和柴油发电机组为自己提供能源——但发电机的原料难得(这是煤制油需求增长的又一例)。计算机网络运行难以保证,这包括信用卡、银行和投资信息的网络传输。公共卫生、水处理和供水也受到影响。

美国和欧洲的物质生活水平继续下降。失业、无家可归和饥饿充斥着城市、郊区和农村。然而,许多工业化程度稍低的国家情况更糟。只有少数几个国家,国内的石油、天然气或煤炭资源相对较好,"相对"这个词必须强调一下,因为国内制造业或粮食产业能力的缺乏难以再通过国际贸易从其他国家获得。

2030~2040年:煤炭确实很昂贵,所以鲜有煤炭出口。所有生产国的天然气产量都在明显下降。石油出口贸易几乎完全停止,因为石油生产国的产量几乎全部用于满足国内需求。

人们强烈感受到对可再生能源研发和低能耗基础设施(例如公共运输系统)的前期投资不足。然而,能源短缺是如此严重,这样的投资在大多数情况下已不再可能。问题不在于缺乏金融资本,而在于缺乏能源。任何可用的能源需用于支持基础服务的紧急支出；对于太阳能电池板、风力涡轮机或其他可再生能源技术的开发、制造和运输此时很少或没有能源可用。

由于事先未投资公共交通，社会必然要修补损坏的高速公路，即便已经很少或根本没有供轿车或卡车使用的燃料。轮胎（甚至是自行车轮胎）已变得买不起或无法使用，由于沥青短缺，抢修道路几乎是不可能的。

能源价格飙升对所有社会阶层都造成不利影响，没有燃料或电力，现代生活赖以生存的基础崩溃了。

缺乏燃料和可通行道路，汽车寸步难行。因为可分配的食品和药品匮乏，城市和农村的死亡率上升。在冬季，家庭无法取暖也使得死亡率飙升。

农民无法获得种子、化肥和其他必要的投入，他们不能操作拖拉机和其他机械，也不能加工或储存食品，区域性和季节性的饥荒甚至开始影响以前富裕的国家。

电网故障成为常态，灯只是偶尔可使用，电力严格配给。通信网络在一定范围内大大减少，而且仍然紧张。工业活动合同逐渐消失。

只有那些能维持高效农业或高水平化石燃料资源的国家能够摆脱经济破坏。

对于许多国家而言，这十年中的某个时候，社会秩序将被打破，政府运作不畅。

情景Ⅱ "清洁"解决方案

第二种情景的前提条件和第一种是一样的，但有一个关键的区别就是，各国政府采取协调一致的努力来减轻气候变化的影响，通过对技术大规模的投资来捕捉和存储煤炭燃烧中释放的碳，这方面的努力需要花巨资建设应用集成气化联合循环技术的电站。

实现集成气化联合循环和碳捕获与封存的投资规模使得同时建设大量的新的核电或可再生能源的发电基础设施不可能，因此，就像情景Ⅰ一样，产自核电的能源能翻一番，来自可再生能源（不含水电）的能源能增加五倍。

碳捕获与封存技术的投资只有一部分是直接来自政府，其余则来自电力行业、总量控制与交易机制或碳税。

在这种情景下电力价格的上涨速度远远大于情景Ⅰ。然而，其他方面的情形类似：化石燃料的消耗因供给收缩和成本上升的措手不及再次导致经济崩溃。煤炭的枯竭暂时有所放缓，因为社会经过长达十年的时间来发展碳捕获与封存技术及其基础设施。但是这种情景需假设政府下令新建燃煤发电厂必须使用碳捕获技术。然而，这种情景的净能源跌幅甚至比情景Ⅰ更大，因为碳捕获与封存的能源成本上升，外加资源质量下降和耗竭。同样的问题出现在航空、养殖、电网和道路维修领域，就像情景Ⅰ描述的一样。

2010~2020年：碳捕获与封存技术尚未做好广泛应用准备，但减缓气候变化的政治承诺阻止了缺乏新技术的传统燃煤发电规模进一步扩大，这将迫使煤炭消费量减少，世界煤炭生产高峰期将推迟10年。

然而，因为世界石油短缺，煤炭供电的停滞或下降只会加剧危机。减负荷、限电和停电即使在富裕国家也成了家常便饭。电价也在飞涨。

对于中国来说，采纳碳捕获与封存技术是必然选择。假设在这种情况下，2010年中国没有任何新的煤炭发电能力是由碳捕获与封存内置产生的，这意味着至少十年（技术发展最低导入时间）中发电量增长只能通过可再生能源和核能来增加。中国的经济由于出口需求萎缩已经遭受重创，同时承受液体燃料的短缺，此外还有更加频繁和较长的国内停电。

同样可怕的后果来自于对印度经济第一个十年方案的预测：更加频繁和长时间的电力中断严重制约了经济增长。

在这十年中，所有的煤炭消费国承诺将投入巨资来建成碳捕获与封存技术示范点。同时，碳储存的研究在地区与地区之间进行。

发展煤制油技术来补充液体燃料下降的计划被延迟了，除非能够精确计算出碳储存量才能被真正重视起来。

总之，第二种情景的这十年比第一种情景经受更严峻的经济环境，尤其对亚洲经济体而言。

2020~2030年：碳捕获与封存的应用现在开始。大量投资被用于建设集成气化联合循环/碳捕获与封存技术电厂，用于运输和储存二氧化碳。

碳捕获与封存技术的推迟应用导致世界煤炭生产速率的变化：在2010~2020年的十年间，产量下降，这十年开始再次增加。但是，碳捕获与封存技术从燃烧煤所提炼的有用能源量较低，尽管能源生产增加，但是净能源显著下降。

现在，二氧化碳的储存场所已明确，碳捕获与封存技术与煤制油技术就可以实施。这在一定程度上有助于缓解石油短缺导致的迅速恶化。然而，煤炭运输是一个严重的问题，因为传统的柴油火车和卡车是稀缺的和非常昂贵的，并且煤制油生产液体燃料的数量是有限的。此外，碳捕获与封存与煤制油燃料的生产净能量实在是很低。

总之，即使这十年中看到更高的煤炭消费量，社会的能源问题仍在恶化。

在情景Ⅰ中，这种影响对一些国家更为严重。那些能更多支付碳捕获与封存成本的国家能大规模地、更快地应用，也燃烧更多的煤。

2030~2040年：截至此时，所有的燃煤电厂使用了碳捕获与封存技术。大量的新的集成气化联合循环设施上线，旧的传统电厂退役或者被改造。使用了碳捕获与封存技术的煤制油技术仍在不断扩大，但其净能量值低，使得燃料的生产实际只适用于液体必不可少的情况下（主要用于飞机）。

但是，煤炭短缺的情况可能会比情景Ⅰ早十年开始，现在表现为全球煤炭产量走向衰落。

随着煤炭价格的飙升，短缺成为普遍现象，随着石油和天然气供应问题的恶化，供社会使用的总能量迅速下降。

一个不太明显但更严重的挑战是净能源在下降——这是又一个相比情景Ⅰ更糟糕的问题，原因在于增加了碳捕获与封存技术的能源成本。可用能源的比例越来越大，必须再投资于能源生产活动，使交通、住房、医疗保健、教育、研究和所有经济健康发展。由于社会没有减少净能源的计划，这就可解释大量失业、基本生活必需品短缺和系统故障的原因。

很明显，截至此时，在可再生能源和节能上的投资不足，但是，就如情景Ⅰ中一样，改变航向，为时已晚。

电网故障变得普遍；通信网络非常紧张；工业活动的合同减少。在许多国家，社会秩序被打破，中央集权的国家政府运行不畅。

情景Ⅲ 后碳转型

在后碳转型（Post Carbon Transition）中，尽最大的努力将整个社会尽快过渡到一个可持续的（即可再生的）能源体系。

决策者早就认识到在这种情景中，为实现目标，必须有计划地、协调一致地减少整个社会的能源消耗，因为即使尽最大的努力，也不可能迅速增加足够的可再生能源供应以抵消化石燃料的限制。

国家不仅需要积极主动地减少能源消费总量，而且要逐步地（而不是临时性地或无效地）向一个较低的净能源的社会制度转变。这将导致就业和投资转向基本的生产活动。在贫穷国家，这将意味着支持农业发展而不是城市化发展政策。

反过来，所有这些将需要一个基于稳态经济理论的新经济模式，稳态经济理论是由生态经济学家赫尔曼·戴利（Herman Daly）开创的。[1] 这一模式不仅仅是以促进消费水平的不断提高作为经济发展的目标，以及承诺创造条件使个人消费增加，政府还必须致力于其他方面的建设来创造更美好的生活条件。这将需要以人类福利（教育、卫生、文化的表现形式）的方式来测量经济增长和环境稳定，而不是国内生产总值和材料消耗量。

为了避免煤炭消耗产生的影响，同时也减少气候变化的影响，应该尽早作出决定逐步淘汰煤炭——以每年减少5%的速度，这主要对发电和钢铁生产产生影响。

---

[1] Herman Daly, *Steady-State Economics* (Island Press, 1991).

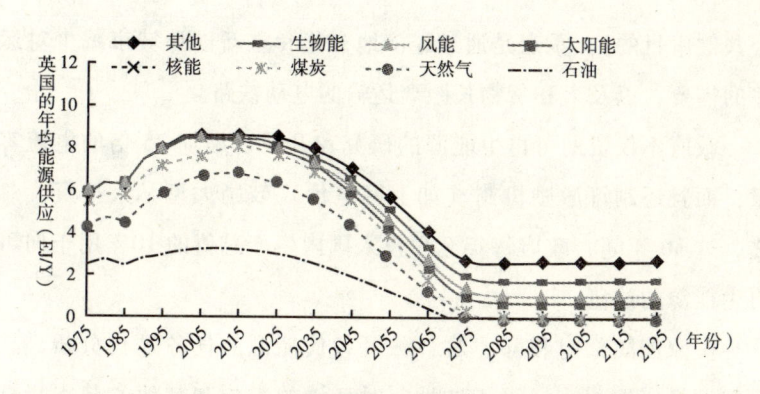

图 8-4 一位分析师对英国能源过度进行的分析

注：他假设未来石油、天然气和煤炭供应有可能乐观。然而，这里画出的未来能源的一般轨迹显示——从化石燃料能源的增长期到其下降期的过程伴随着可再生能源的快速发展，与我们在情景Ⅲ中的讨论相符合。

由于任何情况下电网的更新都需要投资，为了最大限度地缓解当地可再生能源的输入，可发展分布式发电系统。与此同时，一些新的远距离输电线路将电力从可再生能源丰富的地方输送到需求最大的沿海城市。

在这种情况下，为了适应低能源制度，电力配给早通比晚通好。

钢铁按照配额配给工业用户，这样可保留下来供给主要的转型建设，如公共交通。钢铁被转离私人汽车的建设和摩天大楼的建造。

水泥产量也由于其高的能源需求不被政策鼓励。相反，强调的是建筑物就地取材，设计更小的太阳能装置（六层或更少）节省供热，以及改造现有建筑来使能源效率达到最大化。只有必要的道路进行维护，否则将优先考虑铁路网络的建设。

石油和天然气也同样定量配给，石油被保留下来用于紧急救援车辆、公共交通车辆和必要的空中旅行（政治、科学、教育和公共健康目的)。重点是通过经济地方化和重新设计城市减少对运输的需要,以及人和货物长距离运输的电动铁路。

政府不仅资助可再生能源的研究和开发以增加25倍的电流容量,而且还制订激励机制(如上网电价)鼓励大型私人投资。总之,这30年间,政府每年至少投入国内生产总值的10%用于向可再生能源的过渡。

国家能源部门和部委对各种可替代能源的任务进行分析,按照能源投资回报率、可扩展性、对环境的影响和其他的基本指标对各区域进行排名。这给各地指导公共和私人投资奠定了良好的基础。

在30年的发展过程中,核能只是取代了部分传统电站,并不能完全取代之。原因是考虑到铀供应的限制,低能量社会需要解决核废料的管理和维护问题,以及水泥和钢材的生产和消费需求减少问题。

如今,政策制定者更关注人类社会的长期可持续发展,而非国家和国家之间的短期竞争优势,更注重可再生的天然资源的消费模式,如淡水(来自含水层或冰川)、表土、海洋和森林。这些关注将促使对传统经济增长方式的进一步限制。此外,人口政策也更注重人性化和生态性。因为考虑到如果人均消费量虽然下降,但人口继续增长,那么可持续发展的收益也会被抵消掉了。

国家和地方政府通过低息贷款,土地改革,资助教育,支持地方的、综合性的食品系统,以及取消对农业生产垄断的支持来鼓励年轻人发展小规模农业生产。政府还支持在自然建筑,能源效率改造、监测和咨询,以及可再生能源基础设施的安装等工作中创造就业的机会。

欧洲(不包括英国)和日本是准备最充分的国家,实现向可再生能源的过渡。美国落后的铁路系统将成为发展的障碍，其对轿车和卡车的依赖程度很高，而且其粮食系统高度工业化。俄罗斯和其他主要化石燃料生产国需要使用所有的收入来完成向石油、天然气和煤炭产品减少的过渡。中国和印度在过渡的初期有着更大的困难，因为两国目前以煤炭为基础的经济发展模式使它们在错误的方向上快速前进。穷困的、工业化程度低的国家将越过以化石燃料为主的发展模式（很快成为在任何情况下都负担不起的模式），将优先考虑传统的温饱型农业，辅以成本最低的可再生能源发电技术。

2010~2020年：世界石油产量达到高峰，全球经济的不景气充斥着整个社会，失业、银行倒闭和无家可归随处可见。然而，政策制定者深悉化石燃料的必然枯竭导致的最终后果，也认识到只有依靠政府的引导和政策的推出才能实现系统性和根本性的转变，而不是仅仅针对经济崩溃的状况进行短期修复。他们承诺为工业社会的长期发展进行重新设计，用这个大项目的政治影响力解决广泛存在的社会困扰和经济问题。

如此大规模的重组难于从上往下成功实施。另一方面，除非有政策制定者的支持，否则基层自发组织再怎么努力也终将失败。因此，从一开始过渡设计就是支持社区组织进行重新组合，通过投资和监管来引导对大型社会基础设施的改造。

这个时期或许可以形容为过渡期的过渡期。动员整个社会摆脱对化石燃料的依赖的伟大任务将重塑每个国家和每个行业，并改变地球上几乎每一个人的日常生活。

每年，国内生产总值至少10%用于能源过渡的投资，更少的可用的钱用于其他目的——包括家庭支出和军事预算维护。政府只有亲自参与整个项目才能够调动这样一个开支优先次序的转变

（争辩的只是过渡的细节，而非是否需要过渡这个命题）。此外，社会的主要金融利益相关者——包括武器制造商、银行和化石燃料公司——在过渡期发挥一定的作用，而不是被边缘化，否则他们很可能会中止努力。

现有债务的持续融资，使得可支配收入的水平要低得多，挑战整个经济金融体系，需要基本的金融改革和一个稳态经济模式的转变。在转型的最初几年，为可再生能源和提高效率所投入的资金可通过对化石燃料的消费征收高税收获得（当然，这也将有助于减少这些燃料的使用）。然而，随着化石燃料的消耗和下降，这一收入将下降，所以这不应作为过渡的主要资金来源。

银行被要求为可再生能源和能源效率项目提供首选的贷款利率，税收政策保证了过渡期投资的利润空间。

由于一些行业（矿物燃料的生产、汽车、道路建设、大型建设项目）不再被重视，各级政府为工人提供支持，以学习新的技能。

总之，这一开支优先次序的转变，随之而来的是政治、经济、货币和财政必须在第一个十年进行规划和实施，这是后面20年的基础。

在大多数情况下，投资替代品的出现首先产生低回报，因为即使社会努力提高实力，但是可用的能量仍在下降。然而，也有些许亮点：新电动马达的使用效率是旧款的两倍，在整个经济中可节省大量的能源。可以想见，对社会的协调的、有目的付出会得到参与的满足感。

控制人口规模的政策只有在这种情景一开始就执行才能有效。

同样，如果冲突是可以避免的话，关于资源和技术共享的国际协定也必须尽早实施，因为一些国家能比别国准备过渡更充分，而一些已经处于水、食物和燃料供应的困境。

总之,能源过渡的最初十年具有资源重新定位的特点,与1942年发生在美国的战时动员类似,那个时候供私人使用的轿车和卡车的生产和销售被禁止,供游乐的驾驶被取缔,住宅和公路建设被叫停,政策有效地指导经济产出的每一个部分为战争而努力(为军事装备生产而实行的转变,结果在美国历史上实现了最大的工业总产值)。为了实现可再生能源经济的目标,关注度和生产力要达到类似水平——协调政府、工业、教育、娱乐和媒体。

2020~2030年:这是过渡的主要阶段,投资流向需要的地方,对民众再培训和重新培训已基本完成,现在是做实际工作的好时机。大批的可再生能源装置建成。数以百万计的家庭和公共建筑得以改造。城市被重新设计。公共交通系统和城际轨道交通网络建成。小规模、低投入的农场将遍布农村。

经济活动本地化对社区内的就业产生益处,进而对社会、经济和政治进程起促进作用。人们可以清楚地看到他们以及他们的邻居在做什么。

统计结果表明全球有由都市化向农村化转变的趋势。农场提供的不仅有食品,还有能源和原材料。我们需要更多的农民来从事农业生产,无论是农民的绝对数量还是占人口的百分数都应增加。

总能量和净能量在持续下降。然而,政府现在衡量增长是看社会福利指标的改善。

2030~2040年:在这十年中,作为过去20年的努力结果,无论是向社会提供的总能量数量还是净能量的比例最终都保持稳定。世界人口也稳定,并开始下降向20亿人的长期目标靠近。一旦实现，就会使人均消费水平高于整个人类大家庭贫困水平。人类社会走向可持续发展的道路。

国际稳定性也已实现，国家与国家之间的经济不平等差距在缩小。那些早期就实施过渡的国家很快脱颖而出，而那些人口密集地——尤其是人口密集的城市——相对来说承载能力更糟（通过测量水和耕地的人均可获得率，并通过完整的生态系统来评估），但通过可再生能源技术的共享，这种差距正在缩小。

国际贸易量继续下滑，能源均由水路和铁路来进行运输。大多数的贸易专注于技术而不是矿石、燃料和谷物的运输。

农业已成为较小规模的生产，亿万园丁都在从事着低投入、高产出、本地化、多元化的养分循环。

历史并未结束：国家、企业和个人仍然寻求竞争优势，文化演变仍然是通过个人和社会的艺术活动，经济转变是技术的发现和发明、生态系统演变的结果。但是，人类已经进入一个全新的时代，环境保护成为你我共同的责任。

情景之间的比较

许多读者可能会发现所有三种情景都有令人不满意的部分，更愿意设想未来能够实现开采、生产和消费都不断增长的情况。然而，增长不可避免地最终会出现一个上限值，已经有确凿的证据表明经济增长上限将以这样或那样的方式出现在本世纪中叶。上述三种情景之所以被选中是因为它们描绘了主要的途径，让社会参与这些似乎最有可能发生的情景。

在所有三种情景中，情景Ⅰ将造成最为严重的环境后果。然而气候变化的影响因素尚未纳入任何的情景之中,可以非常肯定地假设,在情景期结束的时候,干旱和风暴将加剧情景Ⅰ下已经存在的惨况。

情景Ⅱ比情景Ⅰ造成的环境后果要好一些,但是,它是三个之中在经济状况方面最糟糕的一个,在头二十年比情景Ⅰ更糟糕,在第三个十年比情景Ⅲ要更差。尽管如此,这个情景应该是政策制定者和化石燃料行业业界最可能支持的情景,因为它的出现在保持经济增长(通过持续的煤炭消费量)的同时,又实现了气候保护。然而,这种情况下的常规配方并不考虑资源枯竭或者考虑净能源的下降。这样做产生的社会后果或者与情景Ⅰ相同,或者可能比情景Ⅰ更糟糕。

情景Ⅲ从长远的角度来看最有利于环境保护。它也是三个当中唯一一个能避免经济和社会崩溃的。然而,这一结局只能是做那些在政治上具有一定难度的事情,至少可以这样说——从根本上重新设计了世界经济体,同时形成全球的资源、技术共享和人口协议。

从经济角度来看,由于情景Ⅱ与情景Ⅰ产生的结果几乎相同,考虑这三种情况实质上只有两个——一个继续依赖化石燃料的消耗(有或没有碳捕获),一个是淘汰这些燃料。

在情景模拟中,有可能去勾勒与社会协调一致的战略和途径,但现实的情况是很少整齐划一。有可能一些国家会坚持情景Ⅰ的路径,而另一些沿着情景Ⅱ的路径,还有一些选择情景Ⅲ的路径。即使是在一个单一经济体也有可能采用混合战略。例如,对于美国来说,不难想象它的未来非常类似情景Ⅰ,但它也会投资更多的资金于可再生能源、核电和能源效率。在这种混合的情况下,即使煤炭发电全面转换成碳捕获与封存技术的成本过高，部分的转换也可以避免一些气候变化的影响。在这种情况下，结果可能不会是一轮黑色风暴，而是一轮缓慢褪色的灰色风暴——工业活动和社会组织有持久性，但规模较小，出现环境破坏和人类苦难状况，这可能是美国现实中最有可能走的路线，与其他国家接受的情景混合以及经历都有所不同，从棕色慢慢褪色为黑色。

但是，如果选择情景Ⅰ或Ⅱ，要想稍后成功地切换到情景Ⅲ将非常困难，很大程度上是无效的，因为这种切换的过渡时间有限（这种自适应的时限是资源枯竭和资源质量下降强加上去的）。为了让世界能充分实现情景Ⅲ中所述的最终结果，这方面的努力应立即开始，在规模上要做大，很少有国家会拒绝参加。

正如第六章中所讨论的，人类往往预支未来。因此，我们对当下红利的承诺的偏好度往往大于对未来潜在更大收益的承诺，就像我们往往花费更多的努力去避免当下面临的威胁而不是将来可能遇到的更大威胁。这种倾向使得情景Ⅰ更易被接纳，成为实际最有可能的路径（鉴于情景Ⅱ在第一个十年需要忍受更多的经济之痛，而情景Ⅲ的假设条件是减少化石能源产量和消费量，同时需要全社会共同努力承受15年甚至更长时间不能获得红利）。

然而，这种测算可以改变。由于实际的石油短缺和煤炭价格向上微调，政策制定者可能会被迫重新制订战略，并考虑目前不能接受的路径。若接受情景Ⅲ的路径，决策者就需要抓住时机，就如富兰克林·罗斯福在1942年初所做的那样。化石燃料的高价格使虚假的和短期的解决方案层出不穷（玉米变乙醇、更多的钻油或更多的煤炭产量），但实际的能源短缺可能促使发生根本性的变化，如果领导者已经做好准备并要整装待发。

结　语

　　人类之前经历过许多次的能源危机，从远古的恐龙灭绝到20世纪70年代的石油危机，并且生存下来了，煤炭的枯竭如何影响人类最终的能源问题？

　　就像我们在情景中所建议的那样，如果摆在我们面前的真的只有两个基本的路径：一条是试图保持最大的经济增长，使用着质量不断下降的化石燃料；另一条是消费、人口和经济增长缩减，所有的需要可由可再生能源提供。悲观也好，乐观也好，煤炭资源用尽意味着最后一次能源危机发生。

　　从消极意义来考虑：一旦全球煤炭产量达到峰值，除非国家已经走向可再生能源经济的方式，否则它们将不会有一个高的净能量来源供其进一步的发展。全球石油产量在2010年达到高峰期，这将对世界经济产生深刻的影响。如果不能坚持在发展可再生能源的同时更积极地降低能耗，到本世纪中叶煤炭能量值的下降将给工业文明致命一击，会使电网的维护问题变得几乎不可能。自然界赋予人类便宜的、能量密度高的燃料，人类并没有建造一座通往未来的桥梁。能源用尽时，人类也走到尽头。

　　如果我们正视生态限制，发展可再生能源基础设施和稳态经济，煤炭产量下降形成的能源危机就具有积极的意义。如果我们接受无增长的经济范式，依赖于不断补充的资源，我们就再不用担心能源供应的问题了。

　　我们的选择并非僵化，它在很大程度上被政治言论所掩盖着，倾向未来贴现的人性在不知不觉中起着作用。

煤炭使工业革命的开始成为可能——在过去的两个世纪里，人口、消费、发明、制造和贸易在迅速增长，我们正享受着胜利的果实——针对煤炭制定的一项又一项政策谱写了人类的历史。就像比尔·麦基宾（Bill McKibben）在《自然的终结》（*The End of Nature*）中写道①，自然界的终结即为人类生命的结束。已经到了关键时刻，人类需要面对星球资源已经到达极限的现实；如果人类恪守政策限制，规范自己的行为，现实合理的目标，有可能使地球进入一个稳定的、充满时尚元素的状态。

化石燃料给我们的出行创造了惊喜，但是它们提供的礼物在短时间内被过度消费；当外部环境能够为工业废料（包括二氧化碳）提供足够的处理空间时；当人口与肥料和灌溉的扩大（尽管是暂时的）关联度不大时；当新发明和新发现因为能源廉价且丰富而变得容易时。

如今，我们正在进入一个不同的时代，它受到资源枯竭的影响，受到净能源下降的残酷影响，受到环境空间逐渐消失的影响。在这个空间，废物可以被随意地倾倒，不顾及对人类社会造成的后果。我们现在所处的世纪被贴上了"生态限制"的标签，对这些限制，我们也作出了相应的反应。

如今，我们面临着危机，这个危机来源于看似合理的获利诱惑。如果我们向诱惑屈服，结果将是不可逆转的、历史性的、决定性的、灾难性的。如果不想看到这样的结果，我们有关煤炭方面的政策需要更理智些。简单来说：如果我们燃烧煤炭，我们燃烧的是星球和我们自己。

---

① Bill McKibben, *The End of Nature* (Random House, 1989).

短期内我们只有一个机会,即通过减少化石燃料的消耗,同时开发可再生能源和可持续发展的经济模式,来确保人类有一个美好的未来。

时钟滴答作响。

参考书目

Aleklett, Kjell. "Global Warming Exaggerated, Insufficient Oil, Natural Gas and Coal," *Energy Bulletin* (EnergyBulletin.net, May 18, 2007), energybulletin.net/node/29845.

Amit, Elion. "Public Rebuttal Testimony and Exhibits," filed on behalf of the Minnesota Department of Commerce, (October, 2006), mncoalgasplant.com/puc/05-1993%20pub%20rebuttal.pdf.

Appalachian Voices website. appvoices.org/index.php?/site/mtr_overview/.

Australian Coal Association. "Australia's Black Coal Exports by Destination: 2006-07," ACA, australiancoal.com.au/exports0607.htm.

———. "Coal through History," ACA, australiancoal.com.au/history.htm.

Averitt, Paul. *Coal Resources of the United States* (US Geological Survey Bulletin 1412, 1975).

Bai, Jim. "China Needs to Cut Energy Reliance on Coal — Official," *Reuters UK*, February 4, 2008, uk.reuters.com/article/oilRpt/idUKPEK13357320080204.

Bell, Richard. "Wanna Bet the Farm on Carbon Capture and Sequestration?" comment posted on Global Public Media, April 17, 2007, globalpublicmedia.com/richard_bell_wanna_bet_the_farm_on_carbon_capture_and_sequestration.

Bluefield Daily Telegraph, "Coal-to-Liquids — West Virginia Ready To Become a Global Leader," July 30, 2008, bdtonline.com/editorials/local_story_212160804.html.

BP, *Statistical Review of World Energy June 2008*, (BP, June 2008), bp.com/productlanding.do?categoryId=6929&contentId=7044622.

Bradsher, Keith. "Fuel Subsidies Overseas Take a Toll on US," *The New York Times*, July 28, 2008, World Business, nytimes.com/2008/07/28/business/worldbusiness/28subsidy.html.

Cameron, Eugene N. *At the Crossroads: The Mineral Problems of the United States* (John Wiley & Sons, 1986).
Campbell, Colin J., and Jean Laherrère, "The End of Cheap Oil," *Scientific American* (March 1998), dieoff.org/page140.htm.
Campbell, Marius R. "The Value of Coal-Mine Sampling," *Economic Geology*, vol. 2, no. 1, (1907): 48-57.
Churchill, Winston S. *The World Crisis, 1911-1918*, vol. 1 (Free Press, 2005).
CIA (Central Intelligence Agency). *The World Factbook*, cia.gov/library/publications/the-world-factbook/docs/rankorderguide.html.
Clarke, Lee B., and Alessandra McConville. *Coal in Poland* (International Energy Agency Coal Research, IEACS/01, 1998), caer.uky.edu/iea/ieacs01.shtml.
Clayton, Mark. "US Scraps Ambitious Clean-Coal Power Plant," *Christian Science Monitor*, February 1, 2008, csmonitor.com/2008/0201/p25s01-usgn.html.
Cleveland, Cutler and Robert Costanza. "Energy Return on Investment (EROI)," *The Encyclopedia of Earth*, (April 2008), eoearth.org/article/Energy_return_on_investment_(EROI).
Climate Change Institute, "Human Impacts on the Landscape," The University of Maine, climatechange.umaine.edu/Research/Contrib/html/22.html.
Committee on Coal Research, Technology, and Resource Assessments to Inform Energy Policy, *Coal: Research and Development to Support National Energy Policy* (Washington, DC: The National Academies Press, 2007), books.nap.edu/catalog.php?record_id=11977.
Cornelius, Rob. "No Headwinds for Coal ... at All," *The State Journal — News for West Virginia's Leaders*, Thursday, May 8, 2008, statejournal.com/ story.cfm?func=viewstory&storyid=38327&catid=159.
Couch, Gordon. "Clean Coal Technology Developments in India," (Network for Oil and Gas seminar held in Stockholm, June 14, 2007), nog.se/files/NOG-referat_%20070614.pdf.
Cowhig, Jackie and Simon Shuster, "Russia Hydro, Rail Shortage to Cut Coal Exports," *Reuters India*, July 8, 2008, in.reuters.com/article/oilRpt/idINB65731720080707.
Crichton, Andrew B. "How Much Coal Do We Really Have? The Need for an Up-to-date Survey," *Coal Technology* (August 1948).
Dadeby, Adam. "Should EROEI Be The Most Important Criterion Our Society Uses to Decide How It Meets Its Energy Needs?" The Oil Drum: Europe, comment posted August 20, 2008, europe.theoildrum.com/node/4428.
Daly, Herman. *Steady-State Economics* (Island Press, 1991).
Deffeyes, Kenneth. *Beyond Oil: The View from Hubbert's Peak* (New York: Hill and Wang, 2005).
DKRW Advanced Fuels. "Medicine Bow Fuel & Power LLC," dkrwaf.com/fw/main/Medicine-Bow-111.html.
Dutta, Sanjay. "Coal Shortage to Fuel Power Crisis," *The Times of India*, May 8, 2008, timesofindia.indiatimes.com/Business/India_Business/Coal_shortage_ to_fuel_power_crisis/articleshow/3019788.cms.
Earth Summit, The. "Agenda 21, the Rio Declaration on Environment and Development, the Statement of Forest Principles, the United Nations Framework Convention on Climate Change and the United Nations Convention on Biological Diversity," (United Nations Conference on Environment and Development

[UNCED], Rio de Janeiro, June 3-14, 1992), un.org/geninfo/bp/enviro.html.

Economist, The. "Trouble in the Pipeline," *The Economist*, May 8 2008, economist.com/business/displaystory.cfm?story_id=11332313.

Energy Information Administration. *International Energy Outlook 2008*, (Official Energy Statistics from the US Government, Report # DOE/EIA-0484, June 2008), Chapter 4, "Coal," eia.doe.gov/oiaf/ieo/coal.html.

_____. *Recoverable Coal Reserves at Producing Mines, Estimated Recoverable Reserves, and Demonstrated Reserve Base by Mining Method* (EIA, Report DOE/EIA 0584 (2007), Report Released: September 2008), eia.doe.gov/cneaf/coal/page/acr/table15.html.

_____. "Venezuela Energy Profile," tonto.eia.doe.gov/country/country_energy_data.cfm?fips=VE.

_____. *World Energy Overview: 1995-2005* (EIA, Report, Released June-October 2007), eia.doe.gov/iea/overview.html.

European Environment Agency. "CSI 013 Specification — Atmospheric Greenhouse Gas Concentrations," themes.eea.europa.eu/IMS/ISpecs/ ISpecification20041007131717/guide_summary_plus_public.

Freese, Barbara. *Coal: A Human History* (Basic Books, 2003).

Gever, John, Robert Kaufmann, David Skole, and Charles Vorosmarty. *Beyond Oil: The Threat to Food and Fuel in the Coming Decades* (Cambridge, MA: Ballinger, 1987).

Goodell, Jeff. *Big Coal: The Dirty Secret Behind America's Energy Future*. New York: Houghton Miffllin, 2007.

Gray, David. "Producing Liquid Fuels from Coal," (presented at the National Research Council Board on Energy and Environmental Systems Workshop on Trends in Oil Supply and Demand, Washington DC, October 20-21, 2005), nationalacademies.org/bees/David_Gray_Coal_to_Liquids.pdf.

Green Car Congress. "Alter NRG Proposing Canada's First Coal-to-Liquids Project," Coal-to-Liquids (CTL), article posted July 23, 2008, greencarcongress.com/coaltoliquids_ctl/index.html.

Hagens, Nate. "Living for the Moment while Devaluing the Future," The Oil Drum, comment posted June 1, 2007, theoildrum.com/node/2592.

_____. *Climate Change, Sabre Tooth Tigers, and Devaluing the Future*, The Oil Drum, comment posted February 23, 2007, theoildrum.com/node/2243.

Hall, Charles. "The Energy Return of (Industrial) Solar — Passive Solar, PV, Wind and Hydro (5 of 6)," The Oil Drum, comment posted by Nate Hagens April 29, 2008, theoildrum.com/node/3910.

Hansen, James. "Global Warning Twenty Years Later: Tipping Points Near," columbia.edu/~jeh1/2008/TwentyYearsLater_20080623.pdf.

Hansen, J., M. Sato, P. Kharecha, D. Beerling, R. Berner, V. Masson-Delmotte, M. Pagani, M. Raymo, D. Royer, and J. Zachos. "Target ATmospheric CO_2: Where Should Humanity Aim?" *The Open Atmospheric Science Journal*, 2, (2008): 217-231, bentham.org/open/toascj/openaccess2.htm.

Heading Out. post on "From ASPO-USA to MinExpo — A Study in Contrasts," The Oil Drum, comment posted September 30, 2008, theoildrum.com/node/4579.

Heinberg, Richard. *Coal in China*, comment posted on Global Public Media, June 27, 2008, globalpublicmedia.com/museletter_coal_in_china.

_____. *The Oil Depletion Protocol: A Plan to Avert Oil Wars, Terrorism, and Economic Collapse* (Gabriola Island, BC: New Society, 2006).
High Plains/Midwest Ag Journal. "Energy Balance of Corn-Based Ethanol Even More Favorable Than Early Estimates," October 3, 2008, hpj.com/archives/2008/oct08/oct13/Energybalanceofcorn-basedet.cfm.
Hindu Business Line, The. "Dedicated Freight Corridor Is Answer to Coal Woes," an interview with Mr. Partha S Bhattacharyya, Chairman of Coal India, June 30, 2008, thehindubusinessline.com/2008/06/30/stories/2008063050311400.htm.
Hirsch, Robert L., Roger Bezdek, and Robert Wendling. *Peaking Of World Oil Production: Impacts, Mitigation, & Risk Management* (US Department of Energy, February 2005), netl.doe.gov/publications/others/pdf/oil_peaking_netl.pdf.
Höök, Mikael, Werner Zittel, Jörg Schindler, and Kjell Aleklett. "A Supply-Driven Forecast for the Future Global Coal Production," contribution to ASPO (2008), tsl.uu.se/UHDSG/Publications/Coalarticle.pdf.
Houghton, J.T. et al., eds. *Climate Change 2001: Working Group 1: The Scientific Basis* (Cambridge, UK: Cambridge University Press, 2001), grida.no/publications/other/ipcc%5Ftar/?src=/climate/ipcc_tar/wg1/index.htm.
Hubbert, M. King. "Energy from Fossil Fuels," *Science* 109 (February 4, 1949): 103, hubbertpeak.com/Hubbert/science1949/.
_____. *Techniques of Prediction as Applied to the Production of Oil and Gas, in Oil and Gas Supply Modeling*, National Bureau of Standards Special Publication 631, ed. Saul I. Gass, (Washington: National Bureau of Standards, 1982), rutledge.caltech.edu/King%20Hubbert%20Techniques%20of%20Prediction%20as%20applied%20to%20the%20production%20of%20oil%20and%20gas.pdf.
Hull, Edward. *The Coal-fields of Great Britain: Their History, Structure and Resources* (London: H. Rees, 1905).
Intergovernmental Panel on Climate Change. *Climate Change 2007 — Mitigation of Climate Change: Working Group III contribution to the Fourth Assessment* (Cambridge, England: Cambridge University Press, 2007).
International Monetary Fund. *Regional Economic Outlook: Sub-Saharan Africa* (Washington, DC: International Monetary Fund, May 2005), imf.org/external/pubs/ft/AFR/REO/2005/eng/01/pdf/ssareo.pdf.
Joint Statement by G8 Energy Ministers. Aomori, Japan, June 8, 2008, enecho.meti.go.jp/topics/g8/g8sta_eng.pdf.
Kanter, James. "International Agency Urges the Start of an 'Energy Revolution'," *The New York Times*, June 7, 2008.
Karp, Larry. "Global Warming and Hyperbolic Discounting," CUDARE Working Paper 934R, (Department of Agriculture & Resource Economics, UBC, July 9, 2004), repositories.cdlib.org/are_ucb/934R/.
Kavalov, B., and S.D. Peteves. *The Future of Coal* (Luxembourg: European Commission, Directorate-General Joint Research Centre, Institute for Energy, 2007), ie.jrc.ec.europa.eu/publications/scientific_publications/2007.php.
Keynes, John Maynard. *The Economic Consequences of the Peace* (New York: Harcourt, Brace and Howe, 1920).
Kharecha, P.A., and J.E. Hansen (2008), "Implications of 'Peak Oil' for Atmospheric CO_2 and Climate," *Global Biogeochemical Cycles* 22 (2008), pubs.giss.nasa.gov/abstracts/2008/Kharecha_Hansen.html.

Laherrère, Jean. "Combustibles Fossiles: Quel Avenir pour Quel Monde?" *Association pour l'étude des pics de production de pétrole et de gaz natural*, aspofrance.viabloga.com/files/JL-Versailles-long.pdf.
———. "Estimates of Oil Reserves," (paper presented at the EMF/IEA/IEW meeting, IIASA, Laxenburg, Austria, June 19, 2001), iiasa.ac.at/Research/ECS/IEW2001/pdffiles/Papers/Laherrère-long.pdf.
———. "Peak (or Plateau) of Fossil Fuels," (paper presented at Energy, Greenhouse Gases and Environment, Universidade Fernando Pessoa, Porto, Portugal 6-8 October 2008), aspofrance.viabloga.com/files/JL_Porto_long_2008.pdf.
McKibben, Bill. *The End of Nature* (Random House, 1989).
Metz, Bert et al., eds. *Carbon Dioxide Capture and Storage*, International Panel on Climate Change (IPCC), (Cambridge, England: Cambridge University Press, 2005), ipcc.ch/ipccreports/srccs.htm.
Milici, Robert C. "Production Trends of Major US Coal-Producing Regions," (in Proceedings of the International Pittsburgh Coal Conference, Pittsburgh, 1996), byronwine.com/files/coal.pdf.
Mining Journal Online. "Mining Explained," mining-journal.com/html/Mining_Explained.html.
Monbiot, George. *Heat: How to Stop the Planet From Burning* (South End Press, 2007).
Montgomery, Dave. "Liquefied-coal Industry Gains Energy," *McClatchy Newspapers*, August 22, 2008, mcclatchydc.com/260/story/50010.html.
Nakicenovic, Nebojsa, and Rob Swart, eds. *Special Report on Emissions Scenarios*, International Panel on Climate Change (IPCC), (Cambridge, England: Cambridge University Press, 2000), ipcc.ch/ipccreports/sres/emission/index.htm.
National Energy Technology Lab, Department of Energy, "Clean Coal Demonstrations," netl.doe.gov/technologies/coalpower/cctc/index.html.
National Snow and Ice Data Center, "Sea Ice Conditions at the Annual Minimum on September 16, 2007," nsidc.org/news/press/2007_seaiceminimum/20070810_index.html.
Nuon. "Innovative Projects," nuon.com/about-nuon/Innovative-projects/magnum.jsp.
OECD/International Energy Agency. *China's Power Sector Reforms: Where to Next?* (Paris: Organisation for Economic Co-operation and Development, 2006), 13, iea.org/textbase/nppdf/free/2006/chinapower.pdf.
Pachauri, R.K., A. Reisinger, and the Core Writing Team, eds. *IPCC Fourth Assessment Report: Climate Change 2007* (Geneva, Switzerland: Intergovernmental Panel on Climate Change, 2008), ipcc.ch/ipccreports/ assessments-reports.htm.
Peng, Tsung-Hung, et al. "Quantification of Decadal Anthropogenic CO_2 Uptake in the Ocean Based on Dissolved Inorganic Carbon Measurements," *Nature* 396 (1998): 560-563, nature.com/nature/journal/v396/n6711/full/396560a0.html.
Prioux, Celine Le. "France's Coal Mining Industry to Get Second Wind with New Power Project," *Terra Daily*, August 20, 2006, terradaily.com/reports/France_Coal_Mining_Industry_To_Get_Second_Wind_With_New_Power_Project_999.html.
Putnam, Palmer. *Energy in the Future* (New York: Van Nostrand, 1953).
Rahmim, Iraj Isaac. "GTL, CTL Finding Roles in Global Energy Supply," *Oil & Gas Journal* 106, no. 12 (2008), ogj.com/articles/save_screen.cfm?ARTICLE_ID=323854.

RealClimate, "Is the Ocean Carbon Sink Sinking?" article posted November 1, 2007, realclimate.org/index.php/archives/2007/11/is-the-ocean-carbon-sink-sinking/.

Reuters. "Russia Coal Exports To Start Falling," *Reuters,* June 6, 2007, reuters.com/article/GlobalEnergy07/idUSL0638050320070606.

Rice, James B. and Jill A. Janocha. "Coal Mining Injuries, Illnesses, and Fatalities in 2006," *Bureau of Labor Statistics* (June 27, 2008), bls.gov/opub/cwc/sh20080623ar01p1.htm.

Robertson, David, Angela Jameson, and Sam Coates. "Breakdowns Spark National Grid Crisis in Power Supply," *Times Online,* (September 5, 2008), business.timesonline.co.uk/tol/business/industry_sectors/utilities/article4678321.ece.

Rohrbacher, Timothy J., Dale D. Teeters, Gerald L. Sullivan, and Lee M. Osmonson. *Coal Reserves of the Matewan Quadrangle, Kentucky — A Coal Recoverability Study* (USGS, US Bureau of Mines Circular 9355), pubs.usgs.gov/usbmic/ic-9355/.

Rosenthal, Elisabeth. "Europe Turns Back to Coal, Raising Climate Fears," *The New York Times,* April 23, 2008, nytimes.com/2008/04/23/world/europe/23coal.html.

Rosinformugol, *History of Coal Industry of Russia,* rosugol.ru/eng/his/index.html.

Rutledge, David B. "Hubbert's Peak, the Coal Question, and Climate Change," California Institute of Technology, presentation (2007), rutledge.caltech.edu/.

———. "The Coal Question and Climate Change," The Oil Drum, comment posted June 25, 2007, theoildrum.com/node/2697.

Saiget, Robert J. "China's Coal Addiction Causing Environmental Disaster," *Terra Daily,* (November 6, 2006), terradaily.com/reports/China_Coal_Addiction_Causing_Environmental_Disaster_999.html.

Salamatin, A. "Coal Industry of Russia — The State of the Art And Prospects for the Development," *Mining for Tomorrow's World* (Düsseldorf, Germany, 8-10 June 1999, Bonn, Germany: Wirtschaftsvereinigung Bergbau e.V., 1999), 329-335.

Schaefer, Mike. "The World's Biggest Investors Moving into CTL," *Energy & Capital,* August 28, 2006, energyandcapital.com/articles/ctl-coal-energy/262.

Shuster, Erik. "Tracking New Coal-Fired Power Plants," National Energy Technology Laboratory, Office of Systems Analyses and Planning, (June 20, 2008), netl.doe.gov/coal/refshelf/ncp.pdf.

Siemens, William. *Transactions of the Chemical Society* 21, No. 279 (1868).

Sitch, S., et al. "Impacts of Future Land Cover Changes on Atmospheric CO_2 and Climate," *Global Biogeochemical Cycles* 19 (2005), agu.org/pubs/crossref/2005/2004GB002311.shtml.

Smil, Vaclav. "Long-range Energy Forecasts Are No More Than Fairy Tales," *Nature* 453, No. 154 (May 8, 2008, Correspondence), nature.com/nature/journal/v453/n7192/full/453154a.html.

Sousa, Luis de. *Olduvai Revisited 2008,* The Oil Drum: Europe, comment posted February 28, 2008, europe.theoildrum.com/node/3565.

Stern, Nicholas. *The Economics of Climate Change: The Stern Review* (Cambridge, England: Cambridge University Press, 2007).

Stradling, David and Peter Thorsheim. "The Smoke of Great Cities: British and American Efforts to Control Air Pollution, 1860-1914," *BNet* (January 1999), findarticles.com/p/articles/mi_qa3854/is_199901/ai_n8833707/pg_1.

Strahan, David. "Coal: Bleak Outlook for the Black Stuff," *New Scientist*, 2639 (2008), environment.newscientist.com/channel/earth/mg19726391.800-coal-bleak-outlook-for-the-black-stuff.html.

Sutton, Jane. "Colombia Hopes to Boost Coal Production by 40 Pct.," *Reuters*, February 1, 2007, reuters.com/article/companyNewsAndPR/idUSN2132846820070201.

Tao, Zaipu and Mingyu Li. "What is the Limit Of Chinese Coal Supplies — A STELLA Model of Hubbert Peak," *Energy Policy* 35, Issue 6 (June 2007): 3145-3154, sciencedirect.com/science?_ob=ArticleURL&_udi=B6V2W-4MT59CW-2&_user=10&_rdoc=1&_fmt=&_orig=search&_sort=d&view=c&_acct=C000050221&_version=1&_urlVersion=0&_userid=10&md5=d1a14e5e3884b3e1620c9bae7a8664c4.

Thielemann, Thomas, Sandro Schmidt, and J. Peter Gerling, "Lignite and Hard Coal: Energy Suppliers for World Needs until the Year 2100 — An Outlook," *The International Journal of Coal Geology* 72 (Issue 1, September 2007): 1-14, sciencedirect.com/science?_ob=ArticleURL&_udi=B6V8C-4NJWNJP-2&_user=6682544&_rdoc=1&_fmt=&_orig=search&_sort=d&view=c&_acct=C000050221&_version=1&_urlVersion=0&_userid=6682544&md5=e433f606890f77057a515cdf0330af4d.

Tien, Jerry C. "China's Two Major Modern Coal Projects," *Engineering and Mining Journal* (May 1, 1998).

Trainer, Ted. "A Short Critique of the Stern Review," *Real-World Economics Review*, 45, (15 March, 2008): 54-58, mindfully.org/Air/2008/Stern-Review-Trainer15mar08.htm.

US Department of Energy, "Electricity Market Module," Report DOE/EIA-0554 (2008), (June 2008), eia.doe.gov/oiaf/aeo/assumption/pdf/electricity.pdf#page=3.

US Geological Survey, *National Coal Resource Assessment (NCRA)*, energy.cr.usgs.gov/coal/coal_assessments/summary.html.

US Government Accountability Office. Report to Congressional Requesters. "Crude Oil Uncertainty about Future Oil Supply Makes It Important to Develop a Strategy for Addressing a Peak and Decline in Oil Production," GAO-07-283, (February 2007), gao.gov/htext/d07283.html.

———. Report to Congressional Requesters, *Key Challenges Remain for Developing and Deploying Advanced Energy Technologies to Meet Future Needs* (Department of Energy, December 2006), gao.gov/new.items/d07106.pdf.

Vernon, Chris. *Climate Change — An Alternative Approach*, The Oil Drum: Europe, comment posted November 21, 2007, theoildrum.com/node/3263.

———. *Dr. James Hansen: Can We Still Avoid Dangerous Human-Made Climate Change?* The Oil Drum: Europe, comment posted November 22, 2006, europe.theoildrum.com/story/2006/11/18/93514/869.

———. *Implications of "Peak Oil" for Atmospheric CO_2 and Climate*, The Oil Drum: Europe, comment posted May 22, 2007, europe.theoildrum.com/node/2559#more.

———. *More Coal Equals More CO_2*, The Oil Drum: Europe, comment posted October 22, 2006, europe.theoildrum.com/story/2006/10/16/184756/92.

———. *Peak Oil and Climate Change*, The Oil Drum: Europe, comment posted January 21, 2007, europe.theoildrum.com/node/2200.

Vidal, John. "Global Food Crisis Looms as Climate Change and Fuel Shortages Bite," *The Guardian,* November 3, 2007, guardian.co.uk/environment/2007/nov/03/food.climatechange.

Wald, Matthew L. "Georgia Judge Cites Carbon Dioxide in Denying Coal Plant Permit," *The New York Times,* July 1, 2008, nytimes.com/2008/07/01/business/01coal.html.

Watson, R.T. and the Core Writing Team, eds. *IPCC Third Assessment Report: Climate Change 2001: Synthesis Report* (Geneva, Switzerland: Intergovernmental Panel on Climate Change, 2001), ipcc.ch/ipccreports/assessments-reports.htm.

White, Lynn. *The Science of Culture* (New York: Grove Press, 1949).

Wood Jr., Gordon H., Thomas M. Kehn, M. Devereux Carter, and William C. Culbertson. "Coal Resource Classification System of the US Geological Survey," *Geological Survey Circular 891,* USGS, pubs.usgs.gov/circ/c891/.

World Coal Institute. "Coal Transportation," worldcoal.org/pages/content/index.asp?PageID=93.

———. "India," worldcoal.org/pages/content/index.asp?PageID=402.

World Energy Council. *2004 Survey of Energy Resources,* (London: World Energy Council, 2004), worldenergy.org/documents/ser2004.pdf.

———. *Survey of Energy Reserves 2007* (London: World Energy Council, September 2007), worldenergy.org/documents/coal_1_1.pdf.

———. *Underground Coal Gasification* (London: World Energy Council Survey of Energy Resources 2007), worldenergy.org/publications/survey_of_energy_resources_2007/coal/634.asp.

Wright, Tim. "Growth of the Modern Chinese Coal Industry: An Analysis of Supply and Demand, 1896-1936," *Modern China 7* (1981): 317-350, mcx.sagepub.com/cgi/reprint/7/3/317.

Zittel, Werner and Jörg Schindler. "Coal: Resources and Future Production," *EWG-Series No. 1/2007,* Energy Watch Group, (2007), energywatchgroup.org/fileadmin/global/pdf/EWG_Report_Coal_10-07-2007ms.pdf.

———. "Peak Coal by 2025 Say Researchers," *Energy Bulletin,* Energy Watch Group (March 28, 2007), energybulletin.net/node/28287.

译后记

后碳研究所高级研究员理查德·海因伯格所著的一书自2009年5月出版以来,在世界范围内获得了很大的反响。《炎热的地球》(*The Heat Is On and Boiling Point*)作者罗斯·格尔布斯潘(Ross Gelbspan)称此书唤醒了能源乐观主义者,使其认识到原以为可依赖百年的煤炭资源终将耗竭。环境问题专家、总统高级顾问大卫·奥尔(David Orr)教授则建议此书应当成为能源政策制定者的必读之物。

《煤炭、气候与下一轮危机》所引起的社会反响,很大程度上反映了当下全球气候变暖、能源峰值出现和净能量值下降等问题的出现,使得人们开始意识到人类生存的危机。据资料记载,目前的气候变化近90%以上是人类所造成的,地球气温比过去两千年都要高,而且这种情况在持续恶化。产生棘手局面的主要原因就是化石燃料燃烧排放的二氧化碳等气体使得温室效应增强，进而引发全球气候变化。

　　海因伯格在书的开篇直指人们过多地关注到石油价格带来的能源危机，却忽略了造成停电甚至更大经济和社会危机的煤炭资源。以往的研究都是建立在资源丰富的假设前提下，在许多情况下我们所看到的公开数字也令人欢欣鼓舞，但是为什么一些国家煤炭供应陷入困境、停电事件频发？虽然现在还没有一个国际公认的、统一的评估和披露资源储量数据的方法，但是作者从近期关于煤炭储量和未来供应的相关研究，以及美国、中国、俄罗斯、印度等11个国家和地区的煤炭储量数据中，推测全球煤炭供应短缺的局面可能将在短短20年内出现。

　　一方面是因二氧化碳的排放带来全球气候变化的危机，一方面是煤炭峰值即将到来带来全球煤炭能源耗竭的危机，解决危机的唯一办法就是让两者同时被认知并且都从战略的理性角度来思考——发展可再生能源且降低能源消耗。《煤炭、气候与下一轮危机》对煤制油、煤炭地下气化技术、集成气化联合循环技术和碳捕获与封存技术四种新的燃煤技术进行了详细的分析，这些技术在很大程度上标志着未来几十年世界能源的发展路径。此外，还对燃烧率最大化、"清洁"方案、后碳转型三种典型情景进行了讨论。

　　从长远来看，"后碳转型"最有利于环境保护，它也是上述典型情景中能最大限度地避免经济和社会崩溃的战略方案。然而，由于该方案从根本上对世界经济体进行了重新设计，并需要形成全球资源与技术共享等协议，导致其政治可行性难度高。幸运的是像理查德·海因伯格这样的能源及环境教育者越来越多，对于开发可再生能源和实行可持续发展经济模式，全球会达成更多的共识，确保人类有一个美好的未来。

此书在翻译过程中得到"气候变化与人类发展译丛"主编、中共中央编译局曹荣湘研究员的大力支持，并帮助完成全译稿的审校工作。中共中央编译局博士后刘传铭副教授参与翻译了部分初稿，并帮助进行了部分校对工作。社会科学文献出版社刘娟、李刚老师担任本书的编辑，为译稿进行了认真、仔细的校对和润色工作。没有他们的帮助这一工作是不可能完成的。在此，译者谨向一切支持过此翻译工作的同行们表示感谢！

由于译者水平有限，书中不妥之处还请广大读者指正！

王　玲

2011 年 8 月　于中国政法大学

社会科学文献出版社网站
www.ssap.com.cn

1. 查询最新图书　　2. 分类查询各学科图书
3. 查询新闻发布会、学术研讨会的相关消息
4. 注册会员，网上购书，分享交流

本社网站是一个分享、互动交流的平台，"读者服务"、"作者服务"、"经销商专区"、"图书馆服务"和"网上直播"等为广大读者、作者、经销商、馆配商和媒体提供了最充分的互动交流空间。

"读者俱乐部"实行会员制管理，不同级别会员享受不同的购书优惠（最低7.5折），会员购书同时还享受积分赠送、购书免邮费等待遇。"读者俱乐部"将不定期从注册的会员或者反馈信息的读者中抽出一部分幸运读者，免费赠送我社出版的新书或者数字出版的等产品。

"网上书城"拥有纸书、电子书、光盘和数据库等多种形式的产品，为受众提供最权威、最全面的产品出版信息。书城不定期推出部分特惠产品。

咨询／邮购 电话：010-59367028　　邮箱：duzhe@ssap.cn
网站支持（销售）联系电话：010-59367070　　QQ：1265056568　　邮箱：service@ssap.cn
邮购地址：北京市西城区北三环中路甲29号院3号楼华龙大厦　社科文献出版社　学术传播中心
邮编：100029
银行户名：社会科学文献出版社发行部　　开户银行：中国工商银行北京北太平庄支行　　账号：0200010009200367306

图书在版编目(CIP)数据

煤炭、气候与下一轮危机/(美)海因伯格(Heinberg, R.)著;王玲译. —北京:社会科学文献出版社,2012.8
(气候变化与人类发展译丛)
ISBN 978-7-5097-3370-7

Ⅰ.①煤… Ⅱ.①海…②王… Ⅲ.①煤炭资源-资源开发-研究 Ⅳ.①F407.21

中国版本图书馆 CIP 数据核字(2012)第 083625 号

·气候变化与人类发展译丛·
煤炭、气候与下一轮危机

著　　者	〔美〕理查德·海因伯格(Richard Heinberg)
译　　者	王　玲
出 版 人	谢寿光
出 版 者	社会科学文献出版社
地　　址	北京市西城区北三环中路甲29号院3号楼华龙大厦
邮政编码	100029
责任部门	编译中心 (010) 59367004
电子信箱	bianyibu@ssap.cn
项目统筹	祝得彬
责任编辑	刘　娟　李　刚
责任校对	陈　磊
责任印制	岳　阳
经　　销	社会科学文献出版社市场营销中心 (010) 59367081　59367089
读者服务	读者服务中心 (010) 59367028
印　　装	北京季蜂印刷有限公司
开　　本	787mm×1092mm　1/20
印　　张	11.2
版　　次	2012年8月第1版
字　　数	167千字
印　　次	2012年8月第1次印刷
书　　号	ISBN 978-7-5097-3370-7
著作权合同登记号	图字01-2011-2037号
定　　价	39.00元

本书如有破损、缺页、装订错误,请与本社读者服务中心联系更换
▲ 版权所有　翻印必究